1916-2016

LA OBRA DE RUBÉN DARIO
EN SU ÉPOCA:
TODOS LOS POEMARIOS, ESTUDIADOS
EXHAUSTIVA, CRONOLÓGICA Y TEMÁTICAMENTE

EDICIÓN DEL CENTENARIO

Norbert-Bertrand BARBE
Miembro Honorario de la
Academia Nicaragüense de la Lengua

ÍNDICE

Prolegómenos 2018:
CUATRO POSIBLES NUEVOS APORTES GENÉTICOS
AL ESTUDIO DARIANO

0. Una aclaración inicial sobre la presente edición y su pertinencia cronológica en vista de tres importantes conmemoraciones darianas conjuntas

Originalmente previsto, como lo indica el título, el presente Libro para publicarse en el año 2016 del Centenario de Rubén Darío, los hechos imprevisibles de la vida cambiaron ligeramente esta pretensión.

Sin embargo, este contratiempo no es sino, de alguna manera, un atraso que favoreció algo, tal vez, más significativo e importante: primero, la posibilidad de agregar los siguientes cuatro complementos, lo que no hubieramos podido hacer, no habiéndolos siquiera pensado en aquel año del 2016, y segundo, cumplir, esta vez, no sólo con uno solo, sino con tres cumpleaños a la vez.

Así, en efecto, a los veinte años de haber producido la mayoría de los textos de este volumen, sobre diez años, de 1997 a 2005, con motivo de las celebraciones de cada uno de los principales poemarios de Rubén Darío, los reeditamos, esta vez aumentados aún de otros tantos nuevos trabajos, sobre los vínculos temáticos de Darío con Francia, en motivo del triple centenario: 2016, de su muerte, 2017 de su 240 natalicio, 2018 de los 130 años de la publicación de *Azul...*, primer libro de este autor que hemos abordado, y el origen y punto de partida de su fama[1], proponiendo ver, en sus motivos, símbolos latinoamericanistas, mucho antes de *Cantos de Vida y Esperanza...*, lo que la crítica anterior a nosotros siempre negó.

De hecho, centrándonos, paralelamente, en la figure del Centauro, en "*El Coloquio*", vienen, después de tantos años, fortalecer nuestra interpretación los comentarios de nuestro querido amigo el sociólogo colombiano Gabriel Restrepo sobre la figura del venado, tótem de los Macaguajes, pintado como centauro[2].

---

[1]No así, obviamente, los mucho más confidenciales *Epístolas y Poemas* (1885) y *Abrojos* (1886).
[2]Gabriel Restrepo, programa radial *Sapiencias*, Orinoquía, 29 de Marzo del 2018, 21'30"-23'00".

1. Retorno y revisión de nuestra interpretación dariana en *Prosas Profanas* a los veinte años: un complemento, de la idea, no la letra

Similarmente, la pregunta que nos planteamos en nuestro texto, fundador para nosotros de nuestros posteriores trabajos sobre Darío, acerca del origen y el significado del verso repetido en varias ocasiones por Quirón: "*La ciencia es flor del tiempo: mi padre fue Saturno.*", encuentra, según nosotros, como en el significado de muchos motivos de la vanguardia artística europea en el arte popular, en particular de las postales[3] - su fuente en *Monsieur Lecoq* (1869), en esta reflexión sobre el tiempo investigativo:

"*Et il se hâtait, car il sentait les heures lui échapper. Il savait que le temps est une obscurité de plus, et que la recherche d'un crime devient plus difficile à mesure qu'on s'éloigne de l'instant où il a été commis.*"[4]

Se nos podrá reprochar acercar dos extractos relativamente alejados el uno del otro, y es cierto, sin embargo nos parece que, si bien la concepción de la Verdad desvelada por el viejo Tiempo es un tema recurrente de la emblemática renacentista, y que el Tiempo no es otro que Saturno, lo que permite explicar (fuera de la complejidad del sentido de la frase de Darío como *leitmotiv* dentro del poema y respecto del conjunto de éste) el origen general de la idea, la asociación entre ciencia y tiempo como fenómeno cognoscitivo, se remite a algo más profundo, y a la vez más superficial, propio de la época, es decir del siglo XIX, maravillado, como lo será el propio Darío ante el tren en *El viaje a Nicaragua e Inttermezzo Tropical* (1909), o Filippo Tommaso Marinetti en el *Manifeste du futurisme* (casualmente del mismo año 1909, publicado en el periódico francés *Le Figaro* del 20 de Febrero de aquel año), y de lo que da cuenta el conjunto del arte y la literatura popular de finales del siglo XIX e inicios del siglo XX, por ejemplo de Auguste de Villiers de L'Isle-Adam (con su *Ève future*, 1886) a Gaston Leroux, pasando por el impresionismo.

El oxímoron dariano proviene de lo que la figura saturnina, a la vez símbolo del poeta (así que, de alguna manera, nos indica que el progreso viene no de la técnica, véase la crítica a sus efectos negativos, como el desabastecimiento de la tierra y la minería avariciosa en los textos de *Azul...*, sino del arte y, en particular, del vate verlainiano) y imagen ctónica del comedor de sus propios hijos (como lo hallamos representado en Goya), se asocia en el verso a la idea de ciencia, es decir el oscuro pasado a la luz del mañana. Aunque sustentato, de

---

[3]V. nuestros libros sobre Marcel Duchamp y René Magritte.
[4]Émile Gaboriau, *Monsieur Lecoq*, Paris, E. Dentu, 1869, "*Première Partie: L'Enquête*", cap. XXIX, p. 274.

nuevo, este aforismo en la idea y la iconografía modernas (del Renacimiento y el barroco), nos parece que debe habérselo ocurrido en referencia a un objeto más puntual, el cual nos parece, como propuesta, encontrar en la difundida literatura popular, más que en las teorías *savantes* o sus textos, muy de moda en la época.

La dificultad de la diferencia de formulación, de hecho hasta inversa, entre los dos extractos respectivos nos parece, más que un problema, evidenciar, al contrario, el proceso mental, no sólo freudiano, de restructuración por parte de Darío (conforme el principio de inversión, precisamente, definido por el psicoanalista para los sueños), sino, más concretamente, de apropiación, como lo veremos, también, en el caso de *"Canción de Otoño en Primavera"*, como tercer nuevo aporte a esta serie de estudios sobre la obra dariana.

Es decir, ahí donde Gaboriau expresa las dificultades del trabajo investigativo con el paso del tiempo, que borra las huellas dejadas por el criminal, Darío, retomando la idea acostumbrada, define el tiempo, al contrario, como un potente revelador. Sin embargo, al mismo tiempo, y ahí es, tal vez, donde reside la mayor similitude entre las dos oraciones, Gaboriau, al reconocer el rol encubridor del Tiempo, que por eso tilda de *"una oscuridad más"*, prefigura la oposición Tiempo-Ciencia en el verso dariano.

Nos place asumir que, visitando París en 1893 y 1900, siendo *Prosas Profanas* publicadas en 1897 por primera vez, donde termina, en esta primera versión, sobre *"El Coloquio de los Centauros"*, es, si no lo conocía desde antes, al descubrir, de nuevo tal vez, la literatura del momento en su aspecto más abarcador y popular que una idea suelta, como lo planteamos de epígrafe a nuestro análsis del *"Coloquio"*, le haya quedado en la mente, pudiendo así retomarla y transformarla.

Más aún tratándose en Gaboriau de una reflexión sobre la persecución del crimen (*"la recherche d'un crime devient plus difficile à mesure qu'on s'éloigne de l'instant où il a été commis."*), y Darío decidiendo expresar su pensamiento sobre la adquisición de la ciencia respecto de la figura infanticida del Dios.

2. La segunda edición de *Prosas Profanas* y la Venus de Milo

De hecho, tratándose de un modelo similar de retoma conceptual, nos parece que la figura de la Venus abrazadora, tal como la representa Prosper Mérimé en *"La Vénus d'Ille"* (1837), adquiere en Darío un concepto inverso en el último verso de la primera estrofa del soneto *"Yo persigo una forma..."* de la parte *"Las Ánforas de Epicuro"* de la segunda versión, ampliada, de *Prosas Profanas* (1901):

9

"Yo persigo una forma que no encuentra mi estilo,
Botón de pensamiento que busca ser la rosa;
Se anuncia con un beso que en mis labios se posa
Al abrazo imposible de la Venus de Milo."

Sin embargo, nos parece que el origen de la referencia de Darío es tanto, sin lugar a duda, la evidente imposibilidad de la Venus antigua, como la opuesta implícita evocación de la de Mérimé, que podemos acerca, a su vez, a la estatua del Comendador[5] en cuanto "*convidado de piedra*" en el mito de Don Juan Tenorio - y según la misma configuración narrativa[6] -, pero también la cita de Hilda Sachs por Jules Bois al comienzo de *L'Ève Nouvelle* (1896):

"Depuis que je suis en France, j'entends toujours, nous dit-elle, les femmes se vanter d'être mères, fatiguer tout le monde par l'exhibition de leurs enfants. Moi j'ai des enfants, mais je ne m'en vante pas. C'est une function naturelle que n'est pas autrement flatteuse. Peut-être êtes vous trop hantés par l'image de la Madone, pourtant comme un ostensoir son fils entre ses bras. Moi je préfère la Vénus de Milo, je la trouve plus belle, plus 'adorable'... quoiqu'elle n'ait pas de bras du tout... "[7]

Así, tanto como la Venus d'Ille de Mérimé, de mortal abrazo, que como la mujer contemporánea soñada por Sachs y Bois, en cuanto casta Diana, la poesía como rosa mística, volveremos a continuación sobre este tema, en la cuarta parte del presente texto, no es sino ésta que rehuza dejarse abrazar por el desdichado poeta.

3. De las formas de existencia no humanas en Shakespeare y Darío

Asimismo, no se puede sino comparar el verso: "*Dichoso el árbol, que es apenas sensitivo,/ y más la piedra dura porque ésa ya no siente,*" del poema "*Lo Fatal*" (del poemario *Cantos de Vida y Esperanza*, 1905) de Darío de "*Stones have been known to*

---

[5]*"Mais l'actant-statue. aussi, affirme ses droits à la fois fictionnels et métaromanesques, en imposant une présence physique, corporelle double mécanique de l'être vivant, que les autres personnages n'ont ni dans le monde possible de la fiction, ni dans le monde réel du lecteur. Et puisque les personnages ont sur elle au moins un avantage apparent, l'acte de parole, la pierre aussi se fait verbe. Et son acte de parole est d'autant plus fort que cette lettre devient ipso facto littéraire, au sens étymologique d'inscription de la parole, mais aussi au sens d'une distorsion de la mimesis, car, on le sait, dans le monde du lecteur, les statues ne parlent pas. Sa parole est d'emblée littéraire que l'on pense à la statue du Commandeur dans Don Juan parce qu'elle est gravée dans la mémoire ineffaçable du marbre, dans la tenue ontologique d'un corps et d'une conscience soudés dans l'illusion referentielle de la pierre, dans la vérité absolue du mythe."* (Claudio Galderisi, "*Le récit du mariage avec la statue. Résurgences et modalités narratives*", Romania, T. 119, No 473-474, 2001, p. 189)

[6]*"— Si fait... Mais la Vénus... elle a serré le doigt.*
Il me regardait fixement d'un air hagard, s'appuyant à l'espagnolette pour ne pas tomber.
— Quel conte! lui dis-je. Vous avez trop enfoncé l'anneau. Demain vous l'aurez avec des tenailles. Mais prenez garde de gâter la statue.
— Non, vous dis-je. Le doigt de la Vénus est retiré, reployé ; elle serre la main, m'entendez-vous?... C'est ma femme, apparemment, puisque je lui ai donné mon anneau... Elle ne veut plus le rendre.
J'éprouvai un frisson subit, et j'eus un instant la chair de poule. Puis, un grand soupir qu'il fit m'envoya une bouffée de vin, et toute émotion disparut." (Prosper Mérimée, Colomba et autres contes et nouvelles, Paris, Charpentier, 1845, pp. 181-182)

[7]Jules Bois, *L'Ève Nouvelle,* Paris, Léon Chailley, 1896, p. 6.

10

move, and trees to speak." de *Macbeth* (1606, publicado por primera vez en 1623, Acte III, Scène 4).

Similarmente, la secuencia de la organisación de los versos del poema, con el primero de la segunda estrofa, retoma, por una parte Shakespeare, antes de la cesura: "*Ser y no saber nada, y ser sin rumbo cierto,*", cuando después de la cesura parece invocar al poema "*Brise Marine*" (del poemario *Vers et Prose*, 1893) de Stéphane Mallarmé.

Comparemos:

"*To be, or not to be, that is the question:*
Whether 'tis nobler in the mind to suffer
The slings and arrows of outrageous fortune,
Or to take Arms against a Sea of troubles,
And by opposing end them: to die, to sleep
No more; and by a sleep, to say we end
the heart-ache, and the thousand natural shocks
that Flesh is heir to? 'Tis a consummation
devoutly to be wished. To die, to sleep,
To sleep, perchance to Dream; aye, there's the rub,
for in that sleep of death, what dreams may come,
when we have shuffled off this mortal coil,
must give us pause..."[8] (*The Tragedy of Hamlet, Prince of Denmark,* 1603, Acto III, Escena 1)

"*Ser y no saber nada, y ser sin rumbo cierto,*
y el temor de haber sido y un futuro terror...
Y el espanto seguro de estar mañana muerto,
y sufrir por la vida y por la sombra y por

lo que no conocemos y apenas sospechamos,
y la carne que tienta con sus frescos racimos,
y la tumba que aguarda con sus fúnebres ramos,

¡y no saber adónde vamos,
ni de dónde venimos!..."

notaremos que la estructura shakespeariana, que deporta muchas veces la proposición de verso en verso parece, a su vez, haber influenciada la dariana.

Mientras Shakespeare se aproxima al problema del ser vivo desde la oposición entre la irrealidad del estar aquí y la finalidad de la muerte que revela la

---

[8]"*Ser o no ser, esa es la cuestión. ¿Cuál es más digna acción del ánimo, sufrir los tiros penetrantes de la fortuna injusta, u oponer los brazos a este torrente de calamidades, y darlas fin con atrevida resistencia? Morir es dormir. ¿No más? ¿Y por un sueño, diremos, las aflicciones se acabaron y los dolores sin número, patrimonio de nuestra débil naturaleza?... Este es un término que deberíamos solicitar con ansia. Morir es dormir... y tal vez soñar. Sí, y ved aquí el grande obstáculo, porque el considerar que sueños podrán ocurrir en el silencio del sepulcro, cuando hayamos abandonado este despojo mortal, es razón harto poderosa para detenernos.*" (https://es.wikipedia.org/wiki/Ser_o_no_ser)

11

futilidad humana, Darío evoca otro tipo de angustia, relacionado con la incertidumbre después de esta vida. Cada autor inscrito en su propio tiempo, ahí donde Shakespeare, a la manera del siglo XVII, evoca la vida como sueño, Darío se enfrenta implícitamente a la muerte con o sin Dios, con o sin salvación.

Sin embargo, los dos abordan el tema desde la cuestión del hecho de estar presente y en la vida, y del dolor que esto conlleva.

De ahí que surge la tercera referencia: Mallarmé, quien escribe:

"La chair est triste, hélas! et j'ai lu tous les livres.
Fuir ! là-bas fuir!..."

Famosos primeros versos del poema que Darío invierte:

"... y ser sin rumbo cierto,... / ....
y la carne que tienta con sus frescos racimos,"

Dos nuevos aportes, que se suman a nuestros anteriores a la comprensión histórica, contextual y mental, de la obra dariana, demostrando, una vez más, cómo acciona el campo referencial, aquí literario (pero esto es, obviamente, también válido para todo el ámbito de lo artístico), conjuntamente, desde lo popular (Gaboriau) a lo culto (Shakespeare, Mallarmé).

4. Ausencia marmórea de sentimientos baudelairiana contra rebosante exceso de los mismos en Darío

Sin duda, se puede proceder a un similar acercamiento entre la segunda estrofa del poema "*La Beauté*" (*Les Fleurs du Mal*, 1857, "*Spleen et Idéal*", XVII) de Charles Baudelaire:

"Je trône dans l'azur comme un sphinx incompris;
J'unis un cœur de neige à la blancheur des cygnes;
Je hais le mouvement qui déplace les lignes,
Et jamais je ne pleure et jamais je ne ris."

Y el inicio de "*Canción de Otoño en Primavera*", poema también integrado a *Cantos de vida y esperanza y otros poemas*:

"Juventud, divino tesoro,
¡ya te vas para no volver!
Cuando quiero llorar, no lloro...
y a veces lloro sin querer..."

12

Plural ha sido la celeste
historia de mi corazón."[9]

Donde podemos notar una inversión de la referencia al *"azul"*, ici pospuesta hasta la estrofa siguiente (verdadero proceso de *"rejet"* poético, entonces), después de la alusión a la impermeabilidad sentimental, donde en Baudelaire le es anterior, desde el primer verso de la estrofa.

Entendemos, por otra parte que, invirtiendo la evocación baudelairiana, Darío trata de la pérdida de juventud, la cual implica una serie de fenómenos muy naturales (*"¡ya te vas para no volver!"*), fisiológicos y emocionales (*"Cuando quiero llorar, no lloro..."*), por ende relacionados con pérdida de capacidades:

"Mas a pesar del tiempo terco,
mi sed de amor no tiene fin;
con el cabello gris, me acerco
a los rosales del jardín...",

Ahí donde, muy a la inversa, el poema del francés alude, contrariamente, a la impasibilidad inmóbil e impávida de la eterna belleza casi, en ello, por ende, estatuaria y marmórea.

"Je suis belle, ô mortels, comme un rêve de pierre,
Et mon sein, où chacun s'est meurtri tour à tour,

---

[9]Notaremos que un tema similar se encuentra ya en el poema *"Les Cieux inexorables"* de Jean Bertaut, en particular en la cuarta estrofa (última aquí citada):
"Les Cieux inexorables
Me sont si rigoureux,
Que les plus miserables
Se comparans à moy se trouueroient heureux.

Ie ne fais à toute heure
Que souhaitter la mort,
Dont la longue demeure
Prolonge dessus moy l'insolence du Sort.

Mon lict est de mes larmes
Trempé toutes les nuits:
Et ne peuuent ses charmes,
Lors mesme que ie dors, endormir mes ennuis.

Si ie fay quelque songe
I'en suis espouuanté,
Car mesme son mensonge
Exprime de mes maux la triste verité." (Les Œuvres Poétiqves de M. Bertavt Évesqve De Sees Abbé d'Aunay, Premier Aumosnier de La Royne publiées d'après l'édition de 1620 avec introduction, notes et lexique par Adolphe Chenevière Docteur ès Lettres, Paris Libbairie Plon, E. Plon, Nourrit et Cie, 1891, pp. 355-356)

Est fait pour inspirer au poète un amour
Éternel et muet ainsi que la matière.
.../...
Les poètes devant mes grandes attitudes,/
Qu'on dirait que j'emprunte aux plus fiers monuments,"

De ahí donde la oposición, sin embargo extrañamente simétrica, entre lo que sigue en ambos poemas:

"Consumeront leurs jours en d'austères études;

Car j'ai pour fasciner ces dociles amants
De purs miroirs qui font les étoiles plus belles:
Mes yeux, mes larges yeux aux clartés éternelles!"

Mientras cuando en Darío:

"Miraba como el alba pura;
sonreía como una flor.
Era su cabellera obscura
hecha de noche y de dolor.
.../...
o era tímido como un niño.
Ella, naturalmente, fue,
para mi amor hecho de armiño,
Herodías y Salomé...

Juventud, divino tesoro,
¡ya te vas para no volver!
Cuando quiero llorar, no lloro...
y a veces lloro sin querer...

Y más consoladora y más
halagadora y expresiva,
la otra fue más sensitiva
cual no pensé encontrar jamás.

Pues a su continua ternura
una pasión violenta unía.
En un peplo de gasa pura
una bacante se envolvía...

En sus brazos tomó mi ensueño
y lo arrulló como a un bebé...
Y te mató, triste y pequeño,
falto de luz, falto de fe...
.../...

14

En vano busqué a la princesa
que estaba triste de esperar.
La vida es dura. Amarga y pesa.
¡Ya no hay princesa que cantar!"

Por lo que a la blancura baudelairiana sobredeterminada (*"J'unis un cœur de neige à la blancheur des cygnes"*: nieve/cisne) se opone la negrura dariana (*"cabellera oscura"*), mientras elementos todavía de manchas recuerdan la blancura del francés (*"alba pura/flor"*) y el armiño evoca fácilmente el moteado pelaje del animal, ya que:

"En héraldique, l'hermine est une fourrure, figurée par un champ d'argent, (blanc égale gris argent) semé de mouchetures de sable, (noires).../...
Sur chaque animal utilisé pour la confection d'un vêtement, le bout de la queue, toujours noir, était séparé du reste de la fourrure puis placé au milieu de chacune des peaux cousues côte à côte et fixé par trois barrettes ou agrafes disposées en croix. Ce bout de queue, orné de ces trois points de couture, appelé moucheture d'hermines, est devenu, sous forme stylisée, un motif héraldique4 : moucheter de l'hermine, c'est y coudre de distance en distance de petits morceaux de fourrure noire pour représenter des sortes de petites mouches. Plus généralement, cela correspond à parsemer le vêtement obtenu de petites taches régulières de couleur autre que celle du fond.
La zibeline ou fausse hermine est un semis de mouchetures constituées simplement de la petite queue sans les points d'accroche, parsemant la doublure du manteau, le rehaut du bonnet ou de la toque."[10]

Es, sin embargo, evidente que Darío, como Baudelaire, habla, simbólicamente, de la Mujer-Musa, es decir, de su inspiración, es decir, todavía, de la Poesía:

"Era una dulce niña, en este
mundo de duelo y de aflicción."

En este proceso de encuentro que nombra ya al final de *Prosas Profanas*

(*"Yo persigo una forma que no encuentra mi estilo,*
botón de pensamiento que busca ser la rosa;
se anuncia con un beso que en mis labios se posa
el abrazo imposible de la Venus de Milo.

Adornan verdes palmas el blanco peristilo;
los astros me han predicho la visión de la Diosa;"):

"con el cabello gris, me acerco
a los rosales del jardín..."

---

[10]https://fr.wikipedia.org/wiki/Hermine_(h%C3%A9raldique)

Esta rosa mística, a la vez que sexual, es representada en "*Canción de Otoño en Primavera*" por la figura femenina más emblemática de la *femme fatale* en la poesía, la literatura y el arte de fin de siglo[11]:

"*Ella, naturalmente, fue,*
para mi amor hecho de armiño,
Herodías y Salomé..."

Así, donde Baudelaire trata la Belleza como un ser sin alma, enajenado de lo humano, diosa marmórea, Darío la representa, también como "*Diosa*" intocable ("*Yo persigo una forma...*": estatua sin brazos), pero aquí como una mujer inalcanzable y perversa, dominante y castradora. Al final, lo vemos, los dos poemas hablan de la misma cosa, por lo que, lógicamente, empiezan con una similar imagen literaria, la de la inmovilidad, sólo que mientras Baudelaire la atribuye a la Belleza en cuanto escultura miguelangeliana (pensamos a los sonetos del italiano sobre la belleza amorosa - o al amor por la/una belleza concreta - como objeto en proceso de ser esculpido), Darío la ve como expresión de la estupefacción humana del poeta, es decir de sí mismo, ante el objeto *envisagé* (lo que se integra a la demostración que hará Pascal Quignard, 1994[12], acerca de la relación entre sexo y espanto).

---

[11]Cf. por ej., entre la abundante bibliografía al respecto, Bertrand Cardin, "*Salomé ou la représentation fin-de-siècle*", *Études irlandaises*, 1996,No 21-2 *L'Irlande: représentations littéraires*, pp. 85-95; Jacqueline Genet, "*L'esprit fin de siècle: de la Salomé de Wilde à celle de Yeats ou de la mort d'un siècle à la naissance d'un autre*", *Études irlandaises*, 1999, No 24-2, *Irlande: Fins de siècles*, pp. 33-56; Jonathan Ruiz de Chastenet, "*Une transposition incongrue: le mythe de Salomé revu par Jules Laforgue*", *Écritures Insolites Cahier XXXIII Recherches sur l'Imaginaire*, Presses universitaires de Rennes, 2008, pp. 67-82; Ogane Atsuko, "*Parcours du mythe d'Hérodias: Ysengrimus, Atta Troll, Trois contes, Salomé*", *Romantisme*, 2011/4, No 154, p. 149-160; ou Fabienne Claire Caland, "*Le regard méduséen dans l'Art nouveau*", *Les mythes des avant-gardes*, Presses Universitaires Blaise Pascal, 2003, pp. 317-330.
[12]Pascal Quignard, *Le sexe et l'effroi*, Paris, Gallimard, 1994.

I - *EPÍSTOLAS Y POEMAS*

Al celebrarse en 2005 los 100 años de *Cantos de Vida y Esperanza (CVE)*, también debió celebrarse *Epístolas y Poemas (EP)*, único libro publicado en Nicaragua en vida del autor, cuyo manuscrito dejó Darío a la Tipografía Nacional en 1885[13] , evocando el llamado por Saavedra "*manuscrito Tondreau*"[14], reza el *Boletín Nicaraguense de Bibliografía y Documentación*: "*Según la información ofrecida por Julio Saavedra Molina, de la que arrancan todos los restantes trabajos bibliográficos referentes a Darío, este primer libro fue publicado en Managua a finales de 1885 (Tipografía Nacional), pero sin portada ni índice. Imaginamos la ansiedad del joven poeta en vísperas de su ida a Chile, adonde, lógicamente, desearía llevar, además de las del amable general salvadoreño Juan Cañas, inductor de su viaje, la carta de presentación de un libro propio. En junio de 1886, cuando el poeta se traslada al país andino, todavía el volumen se hallaba pendiente de recibir los imprescindibles complementos, ante lo cual tomó la decisión de llevar al menos un ejemplar en esas precarias condiciones, ejemplar que fue a parar como obsequio a las manos de Eduardo de la Barra y después a las del que llegó a ser también su buen amigo Narciso Tondreau. Tras el renombre que nuestro poeta alcanzó con Azul..., se realizó en Nicaragua la edición en las condiciones adecuadas, si bien con un nuevo título, Primeras notas, libro al que Darío se refiere con displicencia en Historia de mis libros (o.c., I, p. 197).*" *EP* se vuelve entonces el primer libro de y organizado por Darío, anterior a *Abrojos* y *Rimas* (los dos de 1887), aunque no se conserve la versión original de 500 pp.[15], la que se maneja terminando con "*El Arte*", no va más allá de la p. 186[16], faltándole la tercera parte (*Poesía*, Managua, Nueva Nicaragua, 1994, indicaciones bibliográficas previas).

Comparar *EP*, primogénito en Darío, con *CVE* revela que sus motivos prefiguran los de sus otros libros (división en parte, poemas-dedicatorias a autores modernos y contemporáneos de la latinidad entendida en sentido amplio), mostrando que lo literario *appelle* lo literario, al contrario de la creencia admitida (Edelberto Torres, Sergio Ramírez,...), en particular respecto de *CVE*, que la vida del poeta sería base de su obra: *EP*, como *CVE*, empieza por un poema autobiográfico donde el autor, en voz primera, resalta su "*Yo*" y la experiencia de la edad (comparar: "*que en la aurora de mi vida/.../ doy al viento mi*

---

[13]V. *Diario Nicaragüense*, Granada, No 326 del 7/8/1885, cit. por Alejandro Montiel Argüello, *Rubén Darío en Costa Rica*, México, Tipografía López-Tercero, 1996, pp. 81-84, en base a Diego Manuel Sequeira, *Rubén Darío criollo*, Buenos Aires, Guillermo Kraft, 1945, pp. 180-183; y Julio Saavedra Molina, *El primer libro de Rubén Darío: "Epistolas y Poemas"*, Santiago, Prensas de la Universidad de Chile, 1943.

[14] "*Rubén Darío y la Leonesidad*", *Boletín Nicaraguense de Bibliografía y Documentación*, enero-marzo 2002, p. 7 y nota.

[15]*El Porvenir de Nicaragua*, No 39, 11/10/1885, citado por Montiel, pp. 81-82.

[16]Saavedra, p. 10.

cantar/.../ en el alba de la vida"[17], y los martianos "*Yo soy...*" de "*El Porvenir*": "*EP*", con "*Yo soy aquel que ayer no más/ decía/ el verso azul y la canción profana,*"); en *Historia de mis libros*, el mismo Darío acerca "*Nocturno*", *EP*, de "*Yo soy aquel...*". Imágenes de *EP* reaparecen en *Prosas Profanas* (*PP*): Pegaso y Apolo[18], Pan[19], las Musas, los dioses griegos, la música celestial[20]; y en *CVE*: Pegaso, Hugo, la "*dura piedra*"[21], todavía símbolo de la labor artística, como en *PP* y "*el imposible beso de la Venus de Milo*". Lo biográfico, lugar de surgimiento de lo poético, en "*Introducción*", se afirma en la alusión al antaño "*poeta niño con alitas*"[22], y, como en *CVE*, a la "*ruin juventud*"[23], que evoca, como en *CVE*, la dialéctica entre luz poética y deshonradez materialista de la oscura industria y, como en Mallarmé, del diario ("*De ruin profanación yo soy testigo*"[24]), dando paso apologético a las glorias latinoamericanas ("*Y la Fama repite en voz sonora/ sus nombres y memorias veneradas/ y la Central América los llora*"[25]; "*la cima augusta de los Andes/.../ a la pampa argentina/.../... la trompeta de la Fama/ en loor de la América latina*"[26]), como unidad ideológica y continental desde una tradición clásica[27] (greco-latina: "*Parthenón y Coliseo*"[28]; hispánica: Quevedo[29]; francesa: Hugo[30], italiana: Rafael[31]), el cosmopolitismo dariano siendo idea de unidad continental (hispanoamericana) y latina (Italia-España-Francia). Como en el "*Prólogo*" de *PP* y de *CVE*, la superación de lo clásico por lo autóctono es apropiación poética temporal y espacial: a la innecesidad de la tradición clásica europea y la equivalencia afirmada en el "*Prólogo*" de *PP* y en Martí, responde en *EP* "*EP*", canto adventista (v. en VIII y IX de "*EP*" la repetida cita del "*Angel del Señor*", su callar y "*su clarín de oro*"[32], y, como en *PP*, la alusión astrológica, con toque de cuento de hada, como en *Azul...*: "*Los astros hablarán.../... tus pensadores/ difundirán la savia de la idea*"[33]), sello el canto de la obra ulterior de Darío: "*Los dioses volverán, y en tu regazo/ entonarán sus mágicos cantares/.../ Y tendrás Parthenón y Coliseo,/*

---

[17]*Epístolas y Poemas*, Managua, Distribuidora Cultural, 2002, p. 3.
[18]*Ibid.*, p. 9.
[19]*Ibid.*, pp. 44 y 49.
[20]pp. 17 y 110, v. Barbe, *Estudios darianos*, Bès Ed., 2003/4/5, cap. III.
[21]*Epístolas y Poemas*, p. 109.
[22]*Ibid.*, p. 18.
[23]*Ibid.*, p. 17.
[24]*Ibid.*, p. 15.
[25]*Ibid.*, p. 16.
[26]*Ibid.*, pp. 52.
[27]*Ibid.*, pp. 51-52.
[28]*Ibid.*, pp. 52 y 106-107.
[29]*Ibid.*, p. 17.
[30]*Ibid.*, pp. 54 y 106.
[31]*Ibid.*, p. 105.
[32]*Ibid.*, p. 53.
[33]*Ibid.*, p. 52

18

y Musas que vendrán a saludarte;/ y Píndaro y Tirteo/ hijos tuyos serán, con mejor arte"[34]. El advenimiento en "*EP*" de Latinoamérica entre los dioses, promesa de grandor, prefigura la retoma del sátiro de *La Leyenda de los siglos* de Hugo en *Azul...*, cuyo advenimiento se concibe como fenómeno de oposición y dualidad con lo blanco, el dinero y el banco[35], los versos "*No el cívico poder se yerga ufano,/ y quiera a mis intentos poner coto/ con la amenaza o el cariño vano*"[36] anticipando en el estilo "*Salutación del Optimista*" y "*A Roosevelt*". Como en *CVE*, en *EP* la juventud ("*empieza a alzar el vuelo/ y ya aplausos cosecha*"[37]; "*En ti he sembrado la semilla santa/ y mi bandera altiva se levanta/ sobre la sombra altiva de los Andes*"[38]) es central del discurso sobre el porvenir continental, sellado por el quehacer del poeta guía, como en la elegía a Verlaine de *PP* (comparar "*Y dijeron los astros...*"[39]), en "*Victor Hugo y la tumba*", poema-oda a la manera de Hugo, cuyo título evoca los versos de "*Toast funèbre*" (1874) de Mallarmé. El guía es Hugo ("*Cantor de los crepúsculos, orna de filigrana/ el palacio de fuego de la rubia mañana*"[40], verso que muestra la oposición juventud-otoño/ocaso en *CVE* como emblema simbolista, antes que nota de vida, lo que confirma la comparación del simbolismo clásico de las edades en el primer poema de *EP* y "*Nocturno*" con "*Yo soy aquel...*"), el artista epígono de Dios creador opuesto al "*Pueblo*"[41] en "*Ecce Homo*": "*¡Humanidad! Camina/ con tu vieja doctrina:/ yo me muero de spleen... (¡Oh Poesía!...)/ ¡Tuya es el alma mía!)/Mientras el haragán y cachazudo/ sol sale cada día,/ dora el árbol copudo...*"[42], la cabeza del "*Rawi*"/"*rabí... "sabio en la Ley... poeta'*"[43], y en "*El Arte*", "*El arte... creador del cosmos universal*"[44] que "*es el mismo en todas partes*" hasta China[45] (y, entonces, la implícita América, comparando con "*EP*"[46], que lo plantea en forma genealógica[47]) y *appelle*, como en la última parte de *PP*, la "*hermosura*" del arte y la mitología griega[48], la tragedia[49] de Edipo, Otelo, Hamlet y Hernani (reemplazada en "*Al Rey Óscar*", *CVE*, por el hispánico Sigismundo de *La vida es sueño*), las bíblicas "*lenguas de fuego*" que Dios

[34]*Ibid.*
[35]*Ibid.*, pp. 15-17 y 43.
[36]*Ibid.*, p. 17.
[37]*Ibid.*, p. 16.
[38]*Ibid.*, p. 52.
[39]*Ibid.*, p. 54.
[40]*Ibid.*, p. 55.
[41]*Ibid.*, p. 64.
[42]*Ibid.*, p. 68.
[43]Saavedra, nota p. 6.
[44]*EP*, p. 106.
[45]*Ibid.*, pp. 107 y 108.
[46]*Ibid.*, pp. 51-52.
[47]*Ibid.*, pp. 38-53.
[48]*Ibid.*, p. 107.
[49]*Ibid.*, pp. 108-109.

manda al artista en pos de la "*Suma Belleza*" de la "*gran naturaleza*"[50], el Pan de *PP* y el "*Coloquio de los Centauros*". En "*El Arte*" como en *PP*, se ve la influencia de Verlaine[51] en la figura del vate-sacerdote y "*guerrero*"[52]. Como en *Azul...* o *PP*, los animales, en especial aves (como en *Azul..* y *CVE*): "*águila,... alondra,... león*", son alegorías de la "*ánfora*" (v. *PP*) del "*bien y la vida*"[53], sentimientos y valores, conforme la fisiognomonía del s. XIX, presente en Vigny[54]. En "*EP*" el poeta maldito (esqueleto tal Pan muerto, ante la fabrica[55]), clásico hijo de Saturno, cabeza en mano[56], se vuelve profeta divino de la caída de los imperios[57] (prefigura la enumeración de civilizaciones en "*El Arte*"[58]), "*rudo obrero,/ del Porvenir*"[59], que anuncia, frente a la oscuridad, la fábrica[60], Atila y la Industria (símbolo de modernidad[61]), la luz divina de Bolívar[62], Hugo (cuya elegía sigue "*EP*") y la Revolución[63], como la historia de los 4 continentes[64] (otro símbolo de modernidad, v. Bernini) el advenimiento de América, "*trono soberano será en el mundo niño*"[65] y la final "*sola religión del Arte*" del original Pan renacido[66], arquetipo, mitad humano mitad animal ("*dormida raza*" de la "*ciencia*" vs "*el conquistador que al hombre oprime*"[67], del "*Coloquio*" en *PP*), del mestizaje[68], de la armonía de las esferas[69], como en *PP*, y del Gran Todo, "*gran naturaleza*" de *PP* y el final de "*El Arte*", identificándose, como en *CVE*, vida del poeta ("*poeta niño*"[70]) y el continente ("*dominador*" y "*ciencia*" se vuelven a unir en "*Helios*" de *CVE* como expresión del mediodía continental de "*Yo soy el mediodía*" de "*EP*"[71]), en una

---

[50]*Ibid.*, p. 110.
[51]Barbe, cap. V.
[52]*EP*, p. 105.
[53]*Ibid.*, pp. 50 y 55ss.
[54]Barbe, cap. II.
[55]*EP*, p. 44.
[56]p. 38, v. "*A la manera del murciélago*" de Carlos Martínez Rivas, y Barbe, cap. IX.
[57]*EP*, p. 43.
[58]*Ibid.*, p. 107.
[59]*Ibid.*, p. 47.
[60]*Ibid.*, p. 44.
[61]Barbe, *Iconologia*, Bès, 2002/3/4/6.
[62]*Ibid.*, pp. 26-27 y 46.
[63]*Ibid.*, pp. 46-47.
[64]p. 51.
[65]*Ibid.*, p. 52.
[66]*Ibid.*, p. 44 y 49.
[67]*Ibid.*, p. 43.
[68] *Estudios darianos.*
[69]*Ibid.*, cap. III.
[70]p. 18.
[71]p. 46.

evolución de la civilización material a la artística dicha por el pensamiento social (presente en *Azul...* y *CVE*) y científico del s. XIX, de Hegel a Comte y Marx.

II - LA PERSPECTIVA POLITICA EN *AZUL...*

En el 130 aniversario de la primera publicación de *Azul...* consideramos oportuno revisar la opinión de Juan Valera, al parecer compartida por Fidel Coloma González quien la cita en su *Introducción al estudio de Azul...*[72], al hablar del *"Tema central en Azul..."*[73] : *"Si se me preguntase qué enseña su libro de usted y de qué trata, respondería sin vacilar: no enseña nada, y trata de nada y de todo"*.

A) El título: *Azul... El Sátiro*

En *Historia de mis libros*, Darío afirma que *"No conocía aún la frase l'Art c'est l'azur"* cuando puso el título de *Azul...* a su libro, lo que contradice Coloma[74], refiriéndose a la nota I de la segunda edición (Guatemala, 1890) donde *"Darío comenta el verso victorhuguiano y afirma que "explica el porqué del título de la obra""*.

El diario *La Epoca* de Santiago de Chile anunció la publicación del libro primero bajo el título *"El año lírico"* (octubre 15, 1887) y después bajo el de *"El rey burgués"* (noviembre 16, 1887), y sólo por no *"chocar"* al posible mecenas don Federico Valera ni entrar en conflicto con don Eduardo Mac Clure, director de *La Epoca* y modelo para *"El rey burgués"* según Samuel Ossa Borne, fue adoptado el título *Azul...*[75].

Sin embargo varios elementos nos permiten comprender más precisamente porqué fue elegido este último. *"El año lírico"*, sección con la que termina el poemario, empieza contando los amores entre dos aves, el macho de plumas negras y la hembra de buche blanco (*"Primaveral"*), y concluye con la imagen del gavilán matando a una paloma (*"Anagké"*). La paloma bucólica, *"feliz"* porque es suya *"la floresta"*, de *"Anagké"* nos recuerda al poeta amante de la Naturaleza del *"Rey burgués"*, cuento inspirado en Hugo. *La leyenda de los siglos* en cinco volúmenes fue publicada entre 1855 y 1883. Si bien *"Un voleur à un roi"*[76] parece prefigurar la arenga del poeta al rey burgués de Darío, no cabe duda de que *"La Flûte"* (poema no datado de *Les Destinées* d'Alfred de Vigny), y ante todo *"Le satyre"* hayan

---

[72]Fidel Coloma González, *Introducción al estudio de Azul...*, Managua, Manolo Morales, 1988, p. 56.

[73]*Ibid.*, cap. III.

[74]*Ibid.*, p. 17.

[75]*Ibid.*, pp. 20-21.

[76]Victor Hugo, *La légende des siècles*, París, Garnier Flammarion, 2 v., t. 2, p. 92.

directamente inspirado el cuento.

"*Le satyre*" es el más famoso poema de *La leyenda de los siglos*, presente en la obra desde 1855. Inspirado en la egloga "*Silenus*" de Virgilio, tuvo gran influencia sobre toda la poesía del fin del siglo XIX. El mismo Hugo reutiliza el tema en otros dos poemas del libro: "*Le Titan*" y "*Le géant aux dieux*" (este último publicado en la segunda edición en 4 vol., de 1877). "*Le satyre*" se divide en cinco partes: una introducción; "*Le Bleu*"; "*Le Noir*"; "*Le Sombre*"; y "*L'Etoile*". En él se confrontan los dioses, en especial Hércules y Apolo, al fauno Marsias, paradigma de lo humano.

Coloma[77] apunta: "*En realidad, encontramos en el libro ("Azul...") la palabra "azul" más de medio centenar de veces. Aplicada a la naturaleza (al cielo), a las personas (ojos, pupila), a las cosas (cuarto, salón, tapices), el término agrega cierta idea de pureza, de trascendencia*". El mismo Darío nos dice en *Historia de mis libros*: "*el azul era para mí el color del ensueño, el color del arte, un color helénico y homérico, color oceánico y firmamental, el "coeruleum", que en Plinio es el color simple que semeja al de los cielos y al zafiro*"[78]. He aquí la clave de la simbología del color azul en Darío. Igualmente notable es la recurrencia del color azul en *La leyenda de los siglos* como símbolo celestial. En "*Le satyre*" el fauno "*negro*"[79], el "*Hombre*" Marsias creado por Vulcano[80] y llevado por Hércules se enfrenta a los dioses en el azul, el "*cielo de los dioses*"[81].

Hugo definía *La leyenda de los siglos* como la historia de la liberación progresiva de la humanidad. De ahí que en su obra Hugo identifica finalmente el poeta a Pan, el Gran Todo, el hombre obligado a violar lo Desconocido, a destripar la Esfinge (como se expresa en "*Solitudines coeli*", segunda parte de *Dieu*). Es esta superación de Dios que clama el fauno al final de "*Le satyre*": "*Place à Tout! Je suis Pan; Jupiter! à genoux*"[82].

B) *Azul...* y *Prosas Profanas*

---

[77]Coloma, pp. 17-18.

[78]Rubén Darío, *Historia de mis libros*, Managua, Nueva Nicaragua, 1988, pp. 38-39.

[79]Hugo, p. 12.

[80]*Ibid.*, pp. 16-17.

[81]*Ibid.*, p. 10.

[82]*Ibid.*, p. 23.

Así el negro fauno revienta la azulada bóveda celestial y se iguala a los dioses. En *Les contemplations*, VI, Hugo habla del "*noir cerveau du Piranèse*" y en *La leyenda de los siglos* de "*nous le noir genre humain farouche, nous la plèbe*"[83]. La identificación entre el poeta y la muchedumbre se encuentra también en *Azul*... "*Le satyre*" abre sobre "*Clarté d'âme - Cerveau des songeurs sacrés*"[84] y "*Les chutes - Fleuves et poètes*". Como el sátiro en Hugo se identifica al poeta, en Darío el poeta se asemeja al sátiro de Hugo, "*vestido de modo salvaje y espléndido*", "*Mesías*" de "*la Gran Naturaleza*" que "*sacudió su cabeza bajo la tempestad*", "*semidios olímpico*". Al sátiro que "*chante le bonheur, l'Atlantide*"[85] responde el poeta "*nacido en la aurora*" que busca "*la raza escogida*" con su "*verbo del porvenir*".

El rey burgués que se le opone y "*junto al corzo o jabalí sangriento, hacía improvisar a sus profesores de retórica canciones alusivas*" mientras "*las mujeres batían palmas con movimientos rítmicos y gallardos... rey sol, en su Babilonia llena de música, de carcajadas y de ruido de festín*" se define como un Hércules-Apolo asesino de la Naturaleza. Es significativa la advertencia del poeta al rey: "*Señor, entre un Apolo y un ganso, preferid el Apolo, aunque el uno sea de tierra cosida y el otro de marfil*". El rey para distraerse pone entonces al poeta insolente a tocar música. "*Pieza de música por pedazo de pan. Nada de jerigonzas, ni de ideales.../... Y... (el) poeta hambriento* (de dar) *vueltas al manubrio: tiririrín, tiririrín... avergonzado a las miradas del gran sol!*" Obviamente el poeta sometido al rey burgués es un nuevo Marsias herido por un falso Apolo, un dios humano que goza no del arte sino del oro. Su lugar (el porvenir, la aurora), su pueblo (la raza escogida) como su contraposición con lo blanco (abandonó a la musa de carne de la ciudad "*con el rostro lleno de polvos de arroz*", se opone al rey rico y rodeado de cisnes, sus lágrimas lo acercan a la "*tierra negra*", muere en la nieve "*implacable y helada como gorrión que mata el hielo*") le hacen el poeta de América. Sus "*alas de huracán*" le asemejan al famoso dios del trueno de los indígenas[86]. Identica oposición se encuentra entre Pan y Apolo en "*Palabras de la satiresa*" en *Prosas Profanas*.

Más claramente todavía, en la penúltima estrofa del poema "*Canto de Vida y Esperanza*" (París, 1904), que, como el conjunto, funciona sobre la base de la oposición entre antigüedad y modernidad (estrofa 3), infancia y melancolía

---

[83] *Ibid.*, p. 98.

[84] *Ibid.*, p. 31.

[85] *Ibid.*, p. 17.

[86] V. R. Lehmann-Nitche, *Revista del Museo de la Plata*, No. 26, 1922, pp. 15-68.

24

(estrofa 4), alma y cuerpo (estrofas 6-7), "*intelecto*" y "*corazón*" (estrofas 13 y 16-18), crepúsculo y "*hora de la melodía*"(-mediodía)/"*de madrigal*"(-madrugar) o de la "*aurora*" (estrofas 7-8 y 25-26), Psiquis y Pan (estrofas 9-24), Darío aclara el simbolismo para él humano, natural y carnal ("*la armonía del gran Todo*", estrofa 20), y por ende ctónico del color azul ("*luz oscura*", "*verdad inaccesible* (que) *asombra*", "*secreto ideal* (que) *duerme en la sombra*", estrofa 23), liberador de "*la caña de Pan* (que) *se alza del lodo*":

"*Del crepúsculo azul que da la pauta*
que los celestes éxtasis inspira,
bruma y tono menor - ¡toda la flauta!,
y Aurora, hija del Sol - ¡toda la lira!"

Ahora bien la identificación del sátiro, paradigma de la humanidad, con Prometeo, Cadmo e Ixión en Hugo[87], la insistencia consecuente en el destino prometeico de los hombres que aprenden a dominar no obstante la Muerte y la Fatalidad[88] por medio del trabajo (en especial la agricultura) y la ciencia: "*Obéis, germe, naît*" dicen a todas las cosas[89], nos colocan ante un planteamiento de orden epistemológico idéntico al que encontramos en el "*Coloquio de los Centauros*".

En Hugo el hombre-fauno entre "*Olympes bleus et ténébreux Avernes*"[90], "*larve d'un dieu*", debe apoderarse de "*la chaine d'azur,... la chaine du ciel*" y así "*l'azur du ciel sera l'apaisement des loups*"[91]; según la misma dialéctica (de la que vemos muy bien como pudó integrarse a la problemática latinoamericana de Darío), es irónicamente que en "*Las Razones del Momotombo*", Hugo pone en boca del volcán nicaragüense las palabras: "*el hombre blanco, es como el cielo azul*", cuando ve llegar por primera vez a los conquistadores, y cree su dios mejor que el de los indígenas.

Es también a Hércules, constructor de la Atlántida según el catalano Jacint Verdaguer en su conocido libro epónimo[92] (1878) publicado por primera vez sin autorización del autor en catorce números consecutivos de 1877 de la revista

---

[87]Hugo, pp. 10-18.

[88]*Ibid.*, pp. 18-20.

[89]*Ibid.*, pp. 18-19.

[90]*Ibid.*, p. 22.

[91]*Ibid.*, p. 23. Lo que nos remite a las primeras líneas de nuestro artículo sobre "*Los Motivos del Lobo*".

[92]V. Jacint Verdaguer, *La Atlántida*, Madrid, Planeta, 1992.

catalana de Buenos Aires *L'Aureneta* trás haber obtenido el premio de la Diputación de Barcelona en los juegos Florales del mismo año, que se opone el sátiro huguesco[93], al igual que los centauros del "*Coloquio*".

Pero la concordancia va más allá todavía. Si una fuente posible del "*Coloquio*" es *La Atlántida* de Verdaguer, otra es "*L'ábime*", último poema de *La leyenda de los siglos* donde "*El Hombre*" dialoga con personificaciones zodiacales. Las figuras mitológicas citadas por los protagonistas son las mismas (Deucalión,...) en "*El coloquio*" y en "*L'ábime*".

Mientras la simbología zodiacal que encontramos en "*Le satyre*"[94] nos devuelve a poemas como "*Año nuevo*" el carácter gnóstico del fauno "*Dios-aparecido*" prefigura aquí el Pan de *Prosas Profanas* o del frontiscipio de *Los Raros*[95].

Más generalmente "*El fardo*" prefigura "*Sinfonía en gris mayor*"; "*La ninfa*", "*Era un aire suave...*"; "*Venus*" y "*De invierno*", "*Para una cubana*", "*Para la misma*" y "*Bouquet*"; "*El palacio del sol*" en su título prefigura a "*El país del sol*" pero en su temática a "*Sonatina*"; "*Pensamiento de otoño*" prefigura a "*Año nuevo*". En sus motivos y en sus temas también *Azul...* prefigura a *Prosas Profanas*. En cuanto a los motivos son ya numerosas en *Azul...* las referencias al "*Jardín de las Hespérides*"[96], a "*La selva indiana*"[97], al "*jardín de oro*"[98], al "*ocre de oriente, hoja de otoño*"[99], a Wagner[100], a Watteau[101], a Lohengrin[102], a la "*Bella del bosque durmiente*"[103], así como son recurrentes las referencias al león, símbolo de la América hispánica en *Cantos de vida y esperanza y otros poemas*, al Oriente, al sueño, a la esfinge, a los sátiros y al cuello. En cuanto a los temas citaremos la serie de oposiciones entre

[93]Lehmann-Nitche, pp. 8, 11-12, 17.

[94]*Ibid.*, pp. 9 et II.

[95]V. Darío, *Prosas Profanas*, ed. de Ignacio Zulueta, Madrid, Castalia, 1983, p. 36 y nota 44 pp. 36-37.

[96]Darío, *Azul...*,Tegucigalpa, Guaymuras, 1993, p. 60.

[97]*Ibid.*, p. 117.

[98]*Ibid.*, p. 124.

[99]*Ibid.*, p. 154.

[100]*Ibid.*, p.53.

[101]*Ibid.*, p.103.

[102]*Ibid.*, p. 151.

[103]*Ibid.*, p. 152.

"*los cuerpos y... las almas*"[104], la muchedumbre y la sociedad culta[105], la musa fiel y la musa infiel, el hombre moreno y la mujer rubia, y más generalmente entre lo negro y lo blanco, entre la "*noche fría*" de "*la blancura implacable y helada*"[106] y la aurora o sol meridional. Además el velo de la reina Mab como "*velo de los sueños*"[107] de alguna manera prefigura la evocación reiterada del vellocino de oro del poeta-Jasón en *Prosas Profanas*.

Ahora bien vimos en nuestro trabajo "*Prosas Profanas: la alegoría de la Poesía y la identidad cultural en Darío*"[108] que tales motivos y temas, presentes en la obra de Darío desde muy temprano, en poesía por lo menos desde *Epístolas y poemas*, revelan y soportan un discurso claramente latinoamericanista. Entonces al plantear que los temas y motivos de *Azul...* prefiguran los de *Prosas Profanas* y se integran a la orientación general de la obra de Darío nos percatamos de que esos motivos y temas en *Prosas Profanas* sólo retoman, desarrollan y profundizan una dialéctica ya presente en *Azul...*

C) Introducción al estudio estructural de *Azul...*

No es necesario volver sobre la situación económica del Chile de la época y su influencía en *Azul...*, lo que resulta obvio en "*El rey burgués*", "*El fardo*" o "*La canción del oro*", cuestión suficientemente estudiada por Coloma y Jorge Eduardo Arellano (*Azul... de Rubén Darío-Nuevas perspectivas*) entre otros.

En "*Medallones*", sección recordando a los "*Medallones*" y "*Tumbas*" que en sus *Poesías* (1862-1896) Stéphane Mallarmé dedicó a los que le influenciaron, resalta el discurso latinoamericanista de Darío. Se trata de una serie de odas a poetas del continente, incluyendo las odas a Withman el rudo poeta de la unión americana, el "portugués" Catulle Mendés, y Leconte de Lisle. Arellano nos ofrece un precioso testimonio de las diversas fuentes e influencias de Darío destacando la presencia de Mendés en el "*proyecto francés*" de *Azul...*

La crítica ha hablado de la orientación parnasiana de Darío sin desentrañar lo

---

[104]*Ibid.*, p. 76.

[105]V. Coloma, pp. 63 ss.

[106]*Azul...*-Guaymuras, p. 34.

[107]*Ibid.*, p. 54.

[108]Norbert-Bertrand Barbe, "*Prosas Profanas: la alegoría de la Poesía y la identidad cultural en Darío*", *La Prensa Literaria*, 5/7/1997, pp. 4-6.

que ello implica. Darío es parnasiano, simbolista, flaubertiano y ante todo huguesco, y no se trata de una "pose", ni siquiera de una comunión de gusto e intereses con movimientos o artistas estéticamente atrayentes. Ser discípulo de Hugo, parnasiano, y compartir las aficiones del simbolismo significa aceptar modelos de representación provenientes de un estricto código linguístico y simbólico[109]. En Leconte de Lisle, jefe de fila del parnasianismo, podemos hallar el origen y la recurrencia de elementos darianos como la concepción de una Grecia con blancura de estatua (*Poèmes antiques*, 1852) y al mismo tiempo "*farouche*" (*Les Erinnyes*, 1873), así como una suerte de orientalismo esencialmente ubicado en la antigua India (*Apollonide*, 1888). Lo mismo que la obsesionada relación víctimas-verdugos del "*poète des bêtes de proie*" (ver la nota de "*Estival*"). La presencia de héroes libertadores como Heraklés y los fieles de los dioses caídos ("*Le Rumoia*", "*Le barde de Temrah*") como Níobe "*la gran vencida*". Darío como Leconte de Lisle canta a la política y al amor. Igual que el poeta de la princesa triste Leconte de Lisle en su evocación del encuentro con una virgen que ha de morir después revive el recuerdo de su isla natal (La Réunion) y de las caricias maternas ("*Le Manchy*", "*L'illusion suprême*"). En Sully Prudhomme como en Darío encontramos la elegía del "*Vase Brisé*". Volveremos a la simbología del azur "décadent" en Mallarmé[110]. Es pues hacia una lectura mitoanalítica de *Azul...* que nos lleva la evidenciación de un léxico común a los movimientos de la época. Así como en "*Medallones*", a poner también en paralelo con la obra de Mallarmé, ya lo hemos dicho, resalta la posición latinoamericanista (en el mismo soneto a Leconte de Lisle la figura del león refiere tanto a "*Estival*" como a la América hispánica de *Cantos de vida y esperanza y otros poemas*), en "*Sonetos*" resulta evidente al comparar esta sección con "*Echos*", tres poemas que aparecieron sólo en la edición de 1890 por los que Darío sintió una vergüenza (injustificada) por su francés.

---

[109]Fenómeno de compenetración entre los movimientos de la época que, lejos de ser particular a la obra de Darío representa un aspecto determinante del "*internacionalismo*" de las corrientes de finales de siglo, v. por ej. Gilles Néret, *Aubrey Beardsley*, Köln y París, Taschen, 1998, pp. 7-8. Dentro de esta mentalidad cosmopolita de los artistas, que quieren acabar con las limitaciones ideológicas impuestas por la opresión del exceso de puritanismo de la sociedad burguesa de la época, se entienden tanto las deviaciones sexuales de Oscar Wilde o Aubrey Beardsley, como, más generalmente, la apología del amor y en particular de la sexualidad, es decir del "*erotismo*", v. *ibid.*, por Baudelaire, Rops, Beardsley, o Darío. De hecho, el erotismo ostentado y extremoso del arte viene a ser una arma política, como se ve muy bien en Darío, notablemente en *Epistolas y Poemas*, *Azul...* y *Prosas Profanas*, tres poemarios donde el amor sirve de alegoría a la escenificación del discurso latinoamericano.

[110]Que adquiere todavía más fuerza en Darío, ya que el azul es en la lengua española (como también en el italiano) el color titular del salvador Príncipe de los cuentos.

La dicotomía Heraklés-Pan en la obra dariana cobra especial interés: observamos la correspondencia entre "*A un poeta*" y "*Caupolicán*", primer poema de "*Sonetos*" inspirado en el episodio de la muerte del jefe indígena de la *Araucana* de Ercilla en el que el héroe adquiere un valor crístico igual que Pan en "*A Verlaine*" de *Prosas Profanas*. Caupolicán, "*Dios-aparecido*" como Pan, supera según el poema a Hércules y a Sansón. De ahí que el poeta "*Hércules loco... a los pies de Onfalia*" de "*A un poeta*" aparece como su contrario. "*Lirio*", la mujer que lo encadena es "*Venus*", musa blanca que espera la violación del poeta en "*Invierno*" (como en "*Bouquet*" de *Prosas Profanas*), "*rosa roja que fuera flor de lis*" y que añora el poeta del alba y del Trópico; la "*Gloire*" de los "*Echos*" periodísticos. *Azul...* presagia en eso también el doble proceso de hallazgo y superación como de dudas e incertidumbres ("*Yo persigo una forma...*") del poeta de América de *Prosas Profanas* ante la musa blanca. Es interesante que el título "*Echos*" evoca entonces a la ninfa que siempre escapa a Pan, símbolo del poeta como vimos.

Partiendo de estas constataciones podemos emprender con más seguridad nuestra lectura de *Azul...* Cada cuento y cada parte parece girar alrededor de esta figura central. No obstante dividiremos nuestro estudio en dos partes: las identificaciones "seguras" y las todavía "inseguras". Cabe precisar que estas últimas deben considerarse en vía de identificación, pues no podrían poner en tela de juicio el esquema global de la obra ya que la misma sistematicidad de las identificaciones seguras incita más a considerar un mecanismo globalizante en la estructuración del texto de parte del autor que a rechazarlo, lo que sencillamente no tendría ningún sentido.

No obstante la división casi perfecta entre textos con referencias explícitas a personajes de la mitología latina y a los de la mitología sajona ("*El velo de la reina Mab*", "*El rubí*" y por ende "*La canción del oro*", el tema clásico de la princesa triste en "*El palacio del sol*"), cada uno de los "*Cuentos en prosa*" parece referir implícitamente a un tema de la mitología clásica greco-romana. "*El rey burgués*" da la pauta a toda la obra.

En "*La ninfa*" ésta se encuentra en el estanque como el poeta del "*Rey burgués*". Los sátiros aparecen aquí como seres antiguos anteriores al cristianismo. Por eso se oponen a los santos. Sólo nos los recuerdan las obras de arte. Al ver las ninfas blancas que se ríen de él el poeta se declara "*fauno burlado*". Como siempre varias referencias se superponen en el poema. Numa y Egeria, Acteón y Artemis (hermana de Apolo), Citeres. Lesbia, que come carne, besa a un animal de pelo blanco y se asocia a la evocación de Frémiet, escultor especializado en los animales como lo recuerda Darío en nota, aparece como una verdadera antigua diosa cazadora. El poeta nos cuenta aquí sus afanes por la musa (egería o ninfa) blanca. El mismo nombre de Lesbia alude a este hallazgo imposible. Metamorfoseado en fauno el poeta se identifica con Pan cuyos amores con la diosa casta (identificada con Selene) nos cuenta la mitología clásica. Interesante es la alusión al emperador Numa Pompilio que por haber revelado que las leyes por él promulgadas le habían sido inspiradas por su esposa Egeria, diosa del alumbramiento, fue castigado por Diana quien lo metamorfoseó en fuente donde las vestales sacaban el agua para sus ceremonias rituales. Entonces en "*La ninfa*" la inspiración poética se logra por la sumisión del poeta-Pan a la divina musa blanca, pero también a través de una metamorfosis, el poeta identificándose casi indistintamente con Pan, Acteón o Numa, personajes objetos de una revelación. En eso como veremos se relacionan con el poeta Garcin de "*Pájaro azul*" o los cuatro artistas del "*Velo de la reina Mab*".

"*La canción del oro*", siguiendo el mismo rumbo, opone al pobre poeta, que come su pan moreno, los ricos blancos y rubios ("*donde alzan las velas profusas la aristocracia de su blanca cera*"[111]). En este cuento la posición liberal de Darío es evidente al oponer el poeta a la muchedumbre como masa pero identificarlo como también en "*El fardo*" al pobre como ser individual[112]. Compartiendo al final su pan con una vieja, nos evoca a San Martín (cuya versión negra, San Martín de Porras, es más difundida en América) y aparece como símbolo de la justicia, la equidad y la espiritualidad que literalmente se desvisten de los bienes materiales. Es la importancia central de este tema en la alquimia que nos induce a ver en el poeta harapiento de "*La canción del oro*" una alegoría de Midas. Su "*cerebro de loco, que ocultaba un sombrero raído*" nos recuerda que según Plutarco en *De la charla* por haber votado en favor de Pan en el concurso que le oponía a Apolo, el dios le hizo crecer orejas de asno que Midas logró disimular con una peluca. Pero su barbero, agobiado por el secreto, cava un hoyo en el suelo y murmura: "*Midas, el rey Midas, tiene orejas de burro*". Y unas cañas que crecen ahí agitadas por el viento repiten la frase fatal. Así mismo en el cuento de Darío "*el eco se llevó aquel himno* (del oro), *mezcla de gemido, ditirambo y carcajada*"[113]. Por otra parte el poeta que sacando "*de su bolsillo un pan moreno, comió y dio al viento su himno. Nada más cruel que*

[111] *Azul...*-Guaymuras, p. 58.

[112] *Ibid.*, pp. 53 y 61-62.

[113] *Ibid.*, p. 62.

aquel canto tras el mordisco"[114] alude al pasaje en que Midas, después de libertar a Sileno de los campesinos que le acosan y propagar el culto de Dionisos, pide al dios el don de cambiar en oro todo lo que toque, concesión que casi le mata de hambre y de sed de la que al final quiere ser liberado.

Posible alegoría del trágico destino de los indígenas de América (veáse "*Tríptico de Nicaragua*"), "*El rubí*" es el relato del viejo Puck que cansado de una vida de labor a sacar oro, diamantes y piedras preciosas de la tierra, enseña a los demás falsos rubís productos de la ciencia humana que se venden en toda Europa[115]. El verdadero rubí dice es el extracto de las entrañas de la tierra, identificada con la blanca mujer amada ("*¿Ninfas? -No, mujeres*"[116]) que robó a un hombre atrayéndola con su brazo musculoso al lugar subterráneo[117] del que un día ella quiere huir para volver con su congénere destrozándose en el intento su cuerpo contra los filos de diamantes rotos incrustados en la cueva del gnomo. Y "*Cuando el gran patriarca nuestro, el centenario semidios de las entrañas terrestre, pasó por allí, encontró aquella muchedumbre de diamantes rojos...*"[118]. Sin duda tal historia, no obstante la referencia a la granada[119] (que evoca más bien Perséfone, pero claro está el hombre del cuento no puede ser Pirítoo) nos devuelve al mito de la ninfa Eurídice que persiguida por Aristeo, hijo de Apolo educado por Quirón y padre de Acteón, fue mordida por una víbora (símbolo fálico sútilmente transformado aquí en brazo extendido debajo del agua). En el mito, identico al de Semele y Dionisos, fue Orfeo el tracio, supremo músico, cuyo canto apacigaba a la fieras y conmovía a los árboles y a las rocas, y no Eurídice la eterna prisionera de los infiernos que destrozaron las menades embriagadas. En los dos casos nos encontramos frente a una simbología estacionaria. Al igual que Puck abraza en vano al cuerpo muerto de su amada Orfeo al devolverse sólo encuentra, desvaneciéndose, la sombra fluyente de Eurídice.

"*El pájaro azul*" donde el poeta loco de amor se enfrenta a su padre, viejo provinciano afortunado y pragmático, rompiendo por rabia y pasión la carta en

---

[114]*Ibid.*, p. 59.

[115]*Ibid.*, pp. 64-65.

[116]*Ibid.*, p. 67.

[117]*Ibid.*, p. 68.

[118]*Ibid.*, p. 69.

[119]*Ibid.*, p. 64.

que se negaba a mandarle más dinero, alude al mito de Atenea. Como Niní, la diosa tiene los ojos garzos (*Teogonía*, v. 924-929), aunque en su *Ilíada* (cantos V-VI) Homero le preste ojos verdes [120]. Esta ambigüedad posee un especial interés para la interpretación alquímica de *Azul...* y sobre ella volveremos más adelante. Atenea también se relaciona con Pan. Atenea se encoleriza cuando sorprende a Hera y a Afrodita riéndose de ella cuando su rostro se deforma al interpretar la flauta salida de sus manos, y arrojándola maldice a quien ose ejecutarla. Pan que la recoge es desollada por Apolo que es vencido en un famoso concurso de música. Atenea nació del cerebro de Zeus, y el pájaro azul encerrado en el cerebro de Garcin es liberado a la muerte de Niní. El grito que lanza Atenea al nacer según dice Píndaro hace estremecer el cielo y la tierra y es equiparable a la detonación que sale del arma de Garcín. Niní es la inspiración de Garcín, el hijo pródigo. Atenea es hija de Metis, la inteligencia primordial, devorada por Zeus para impedir el nacimiento del hijo que le suplantaría. Zeus a su vez emascula a Cronos como Garcín rompe la carta de su padre.

"*Palomas blancas y garzas morenas*" cierra la serie de "*Cuentos en prosa*". Opone Inés que se burla del narrador, prima rodeada de palomas [121], a Elena, "*musa ardiente y sacra*" encontrada donde "*paloma blanca y rubia no había*" [122], oposición muy explícita [123] entre las "*garzas blancas*" como "*cisnes*" parecidas a "*las damas inglesas... (de) Shakespeare*" y las negras "*más encantador(as)*", algo orientales (véase la referencia al rey Salomón), únicas capaces de revelar "*el secreto de las delicias divinas en el inefable primer instante del amor*" [124]. La referencia a *Pablo y Virginia* [125] no deja lugar a duda sobre el carácter latinoamericanista del cuento. Inés (del lat. "*Ignus*": "*fuego*") representa a Venus (la diosa del amor cuyo atributo tradicional son las palomas), fuego divino del apacible Anteros, y Elena el fogoso amor erótico, humano y total. La referencia al juicio de París es clara; Darío eligió entre lo divino y lo humano, lo que conlleva a la asunción de su ser trágico. Elena al igual que Pandora fue considerada como una prefiguración de Eva.

---

[120] V. también la referencia explicita de Darío, *ibid.*, p. 89.

[121] *Ibid.*, p. 87.

[122] *Ibid.*, p. 88.

[123] *Ibid.*, p. 89.

[124] *Ibid.*, p. 90.

[125] *Ibid.*, p. 84.

Así la sección "*Cuentos en prosa*" se inicia mostrándonos la oposición que hay entre pobreza y riqueza y cierra oponiendo lo humano y lo divino relacionando implícitamente lo primero con la muerte como lo hace Hugo. Los tres cuentos incluidos después llevan la misma simbología. "*El sátiro sordo*", versión humorística del "*Rey burgués*", refiere al destino trágico de Pan y Orfeo (una temática semejante se encuentra también en "*Marina*" de *Prosas Profanas*). "*A una estrella*" es un himno a Venus, inalcanzable musa blanca, estrella de la mañana. Cuento que se relaciona a su vez con "*La ninfa*", "*Palomas blancas y garzas morenas*", "*A un poeta*", "*Echos*" y los últimos poemas de "*El año lírico*" y "*Sonetos*". "*La muerte de la imperatriz de China*", que combina los mitos de Narciso y Pigmalión, alude también a lo mismo. Como en "*Palomas blancas y garzas morenas*" América se vuelve lugar de alcanze de o para la musa blanca[126]. Igualmente profesa la preferencia por la musa de carne y hueso cuyo color rosado evoca a "*Para una cubana*" de *Prosas Profanas* en su oposición a la blancura marmórea del Ideal (en este caso el busto de la Imperatriz). Ese color rosado de la esposa en "*La muerte de la imperatriz de China*" tiene gran importancia en *Prosas Profanas*, pues siendo una clara referencia al mestizaje americano habla también de la apropiación de la musa por el poeta de América (ver también este proceso de transmutación en "*El rubí*"). Los besos de la esposa vengada en el cuento nos recuerdan los que Pigmalión da a su estatua viva. El mirlo en jaula en el saloncito azul, feliz de la reconciliación de sus dueños, hace del cuento una versión optimista del "*Pájaro azul*", al igual que "*El sátiro sordo*" es una versión humorística del "*Rey burgués*".

La relación entre los textos de las distintas ediciones es igualmente orgánica. Vimos como "*El rey burgués*" y "*Palomas blancas y garzas morenas*" se relacionan en la oposición entre lo humano (pobre...) y lo divino (rico, poderoso,...). Además en los dos cuentos el poeta declara haber abandonado a la musa blanca y sofisticada de la ciudad (o de la civilización). Igual "*La ninfa*", "*El rubí*" y "*Palomas blancas y garzas morenas*" nos hablan del amor imposible con la musa blanca. "*La ninfa*" y "*El rubí*" evocan cada uno a su manera un proceso de desollamiento (ver la referencia a Acteón y a la diosa carnívora en "*La ninfa*"). Mientras "*La ninfa*" cuenta el hallazgo de la ninfa por el poeta-fauno, "*El palacio del sol*" habla de una niña que sólo encuentra la curación al tocar el zócalo de un fauno. "*La canción del oro*" y "*El rubí*" tratan de la codicia de los hombres. "*El velo de la reina Mab*" y "*El palacio del sol*" hablan del diminuto y maravilloso carro de oro de las hadas que cura cualquier tipo de melancolía. "*Aguafuerte*" nos recueda "*El rubí*". "*Paisaje*" de

---

[126] *Ibid.*, pp. 152-153.

"*Album santiagués*" y "*Invernal*" abordan el mismo tema que "*Palomas blancas y garzas morenas*". Mientras la comparación de la mujer con una hada en "*El ideal*" evoca "*El velo de la reina Mab*" o "*El palacio del sol*", la relación frustrada del poeta-Pigmalión con su musa asemeja"*El ideal*" a "*Autumnal*" y "*La muerte de la imperatriz de China*". "*A un poeta*" al hablarnos de un poeta que añora a su musa aparece como la contraparte del "*Rubí*". "*El velo de la reina Mab*" como "*El pájaro azul*" y "*La cabeza*" tratan de la inspiración del poeta. Finalmente "*La ninfa*" y "*El pájaro azul*" resaltan a través de la evocación, explícita o no, de las figuras de Numa y Atenea ese tema en la perspectiva de un alumbramiento divino. Más precisa todavía es la alternancia en esta sección entre cuentos sobre la muerte y sobre la resurrección o inspiración, "*La canción del oro*" se ubica como eje central en este conjunto.

D) Tres identificaciones inseguras de *Azul...*

Tres identificaciones quedan inseguras respecto a "*Cuentos en prosa*".

"*El velo de la reina Mab*" opone al dinero cuatro artistas malditos[127] que aspiran a la musa blanca[128], por ser ella que posee el velo azul de los ensueños capaz de darles su inspiración. Por el juego de las referencias vemos que el escultor simboliza la antigüedad, el pintor la época moderna, y el músico el siglo XIX. Pero el poeta, a quien le toca el "*cielo azul*"[129], muy antiguo y muy moderno, une en su arte, Logos "*inmortal*"[130], todas las épocas. La última frase del cuento: "*se bailan extrañas farándulas alrededor de un blanco Apolo, de un lindo paisaje, de un violín viejo, de un amarillento manuscrito*"[131] describiendo el objeto propio de cada arte parece devolvernos a la imagen de Apolo entre las Musas, inmortalizada por Poussin en *La inspiración del poeta*.

"*El palacio del sol*" nos cuenta la historia de una adolescente de ojos verdes y piel de alba[132], que se encuentra enferma y a quien ningún medicamento puede curar. Pero "*un día (llegó) a las puertas de la muerte... bajó al jardín... Se apoyó en el*

---

[127] *Ibid.*, p. 53.

[128] *Ibid.*, pp. 52 y 54.

[129] *Ibid.*, p.51.

[130] *Ibid.*, p. 54.

[131] *Ibid.*, pp. 54-55.

[132] *Ibid.*, p.71.

zócalo de un fauno soberbio y bizarro... Vio un lirio que erguía al azul la pureza de su cáliz blanco, y estiró la mano para cogerlo... no había tocado el cáliz de la flor, cuando de él surgió de súbito una hada, en su carro áureo y diminuto[133] que la llevó al palacio del sol donde entre las danzas y los juegos amorosos de otras niñas anémicas con *"jóvenes vigorosos y esbeltos"* que la atraían y tomaban entre sus brazos, ella también se curó; *"sintió que su cuerpo y su alma se llenaban de sol, de efluvios poderosos y de vida"*[134]. A esta curación sobrenatural se contrapone la incapacidad del médico, grotesco Esculapio alabado por la madre de la heroína y toda la alta sociedad[135]. Autoreferencia al *"Velo de la reina Mab"*, el cuento podría además evocar cualquiera de los encuentros de Pan con una mujer o ninfa, más probablemente con Sirinx, Pitis o Penélope. El palacio del sol, sitio donde es conducida la heroína por el hada, nos hace pensar en el palacio de Apolo, aunque el pasaje también nos recuerda la aventura de Psiquis. Sin embargo la descripción del baile con niñas anémicas en vez de menades parece asemejarse más bien a una bacanal (*"y bailó, gritó, pasó, entre los espasmos de un placer agitado; y recordaba entonces que no debía embriagarse tanto con el vino de la danza"*[136]). Lo que explica el contraste entre la milagrosa cura de la heroína y el médico-Esculapio, siendo Esculapio hijo de Apolo. Para decirlo en términos nietzscheanos se trata de la oposición entre apolonismo y dionisismo, lo que se ajusta perfectamente a la orientación general de la obra de Darío, privilegiando como en *"Palomas blancas y garzas morenas"* lo carnal o humano sobre lo divino, etéreo. Baco también representa como Apolo una hipóstasis del dios Sol original como nos damos cuenta al estudiar el templo de la Triada de la antigua Heliopolis. Ahora bien Ariadna abandonada por Teseo en una playa se deja morir. Baco indio (encarnado en el compañero de la heroína del cuento, *"de mirada primaveral... (con sus) frases irisadas y olorosas, de los períodos cristalinos y orientales"*[137]), al llegar de sus conquistas acompañado por su numerosa comitiva de entre la que destaca la figura de Pan, se enamora de ella y la vuelve a la vida. La iconografía antigua nos ha legado muchas representaciones de las nupcias y de la apoteosis de Baco y Ariadna en el carro del dios, símbolo órfico de resurrección. Entre todas las identificaciones mitológicas posible del *"Palacio del sol"* citaremos la alusión a Susana que hace Darío en notas. Según el mismo

---

[133] *Ibid.*, p. 72.

[134] *Ibid.*, p. 75.

[135] *Ibid.*, p. 73.

[136] *Ibid.*, p. 75.

[137] *Ibid.*

Darío el fauno de su cuento está inspirado en el fauno cincelado por el chileno Nicanor Plaza; sin lugar a equívoco el fauno dariano es el símbolo del arte y del ser latinoamericano como Pan en *Azul...*

"*El fardo*" y "*El rubí*" cuentan la historia de dos viejos trabajadores. En "*El fardo*" el tío Lucas después de perder su lancha de pescar se ve obligado a trabajar en el muelle donde su hijo muere al ser aplastado por un fardo inscrito con "*letras en "diamantes'"*"[138]. Este motivo que integra la alegoría de la Crueldad como veremos después, nos permite establecer una semejanza entre "*El fardo*" y "*Estival*". El cuento habla del viejo tosco y el hijo de frágil salud y "*sangre negra*" en oposición a la riqueza representada por el "*grueso fardo*" con sus letras de diamante[139], sucesivamente comparado con un pez[140] y un perro[141], y asociado con triángulos y pirámides[142] (símbolos de la estructura social clásica), sugiriéndonos la idea del monstruo de la alquimia[143]. Las letras de diamante del fardo aluden a la cifra misteriosa de la Bestia del *Apocalipsis*, 13, 18 y 17, 5, la que primero aparece bajo la forma de un leopardo con patas de oso y fauces de león (13, 2), y después de un cordero que habla como serpiente (13, 11), referencias que nos ayudan a interpretar el carácter híbrido de las aparencias del fardo y su relación con las figuras de "*Estival*". El Dragón rojo arrojado a la tierra por San Miguel y sus ángeles (12, 7-10) intenta matar a la mujer y a su hijo (12, 3-6), vomitando un río de agua (12, 15), "*pero la tierra vino en auxilio a la mujer...(y) tragó el río*" (12,16). En "*El fardo*" ocurre al revés, al ser destruida la lancha por el mar el hijo queda a salvo para morir después aplastado por el fardo identificado con la Bestia, alegoría del poder (17,13) y del dinero (17, 4 y 18, 11), objetos de admiración de los hombres (13, 7). En "*El fardo*", como vimos, es el hijo y no la Bestia (13, 3) quien es herido de muerte. En "*El rubí*" acontece algo semejante sólo que aquí es la heroína y no su amante la que muere destrozada tratando de escapar. La figura del hijo en "*El fardo*" posee un halo crístico, su corta existencia reproduce lo momentos esenciales de la vida, pasión y muerte de Jesús a quien recien nacido se le esconde de Herodes y más tarde casi adolescente se refugia voluntariamente en el Templo, al joven del cuento se le resguarda en un conventillo cada vez que se

---

[138] *Ibid.*, p. 48.

[139] *Ibid.*

[140] *Ibid.*, p. 47.

[141] *Ibid.*, p. 48.

[142] *Ibid.*, pp. 47-48.

[143] V. *Rosarium philosophorum*, Stadtbibl. Vadiana, St Gallen, M.S. 394, f. 92.

enferma para protegerle por su débil salud. Como Jesús fuente de salud y de vida, el joven con su trabajo lleva el bienestar y la cura a su familia. Su muerte llorada por su madre nos recuerda los momentos de la crucifixión y la deposición. Sin embargo hay varios elementos que nos llevan al mito de Laocoonte. La escena transcurre a orillas del mar. El fardo tiene *"letras en "diamantes'"" "como ojos"*; las serpientes de mar *"encendidos ojos"* y *"amarran con grandes ligaduras"* a Laocoonte quien apuñalándolas les hace chorrean sangre negra[144]. Laocoonte es la contraparte de Cadmo, padre de Acteón citado por Hugo junto con Prometeo e Ixión. Cadmo es el héroe civilizador constructor de la ciudad. La figura de Laocoonte está ligada a la desaparición de la espléndida Ilión encendida por los pérfidos Argivos. Laocoonte ve a las serpientes atarazar a sus hijos cuando se disponía a sacrificar un toro a Neptuno; el tío Lucas ve perecer el suyo mientras *"se alistaba para ir a cobrar y desayunarse"*[145]. Laocoonte, antiguo sacerdote de Apolo, provocó la furia del dios al desposar a su esposa delante de su imagen. La mujer del tío Lucas *"llevaba la maldición del vientre de los pobres: la fecundidad"*[146]. Todavía más claramente que *"El palacio del sol"*, *"El fardo"* revela una predilección por lo dionisíaco: lo humano, lo carnal, en oposición a lo apolíneo. Así Darío desarolla una crítica social a semejanza de Laocoonte que, desconfiado de la palabra de Sinón, advierte a los troyanos engañados sobre la desgracia que se les avecina.

E) Mitos y alquimia en *Azul...*

Todos los textos estudiados parecen girar alrededor de las figuras de Pan y Apolo, salvo *"Palomas blancas y garzas morenas"* que evocando como *"El fardo"* el carácter nemesíaco de la guerra de Troya revela la oposición entre lo humano y lo divino en referencia a la dicotomía Pan-Apolo, optando por lo propio, lo que significa la superación de dicha dicotomía. Otra exclusión es *"El rubí"* de inspiración órfica al igual que *"El sátiro sordo"*, ambos hablan del advenimiento del poeta de América identificado con Pan. *"El fardo"* por su parte revela el carácter crístico de Pan, el Prometeo-Orfeo de Hugo.

Como hemos visto en la sección *"Cuentos en prosa"* encontramos una permanente referencia a la mitología antigua. En la sección titulada *"En Chile"* encontramos una alegoría crística. La fuente de inspiración de este proceso cronológico de evolución es *La leyenda de los siglos*. *"Album porteño"* y *"Album*

---

[144]Virgilio, *Eneida*, Madrid, Fraile, 1994, p. 49.

[145]*Azul...*-Guaymuras, p.48.

[146]*Ibid.*, p.44.

santiagués" reunen doce poemas.

"*En busca de cuadros*" muestra al poeta-Dios que sueña mirando desde arriba la ciudad. "*Acuarela*" por los nombres de las protagonistas es una alegoría de la Virgen y su madre. El iris que lleva Mary es el símbolo del matrimonio entre José y María, así como también el signo que anticipa el advenimiento. El ángel de la Anunciación tradicionalmente ofrece un lirio a la Virgen. Aquí como en "*El palacio del sol*" es evidente el significado sexual del motivo. "*Paisaje*" evoca el ambiente de la Navidad; los animales: la mula y el buey, posiblemente el trabajador sea José. "*Aguafuerte*" describe el lugar donde unos herreros semejantes a Cíclopes afanosamente forjan el metal mientras afuera una muchacha come uvas. Esta fruta símbolo entre otras del amor nos lleva a pensar en Afrodita y en su matrimonio con Hefaistos. Hay también una doble referencia renacentista a la Creación. Vulcano arrojado del Olimpo por Júpiter fue quien enseño las artes del metal a los hombres, quebrándose los miembros en su caída, pasaje que nos recuerda al Nommo dogón, Prometeo africano. La muchacha comiendo uvas nos evoca por su parte como en el *Hortus deliciarum* del Bosco la numerosa descendencia de Eva. Darío nos propone una alegoría típica del siglo XIX del advenimiento demiurgico del artista-Prometeo, el establo siendo aquí transformado como en El Bosco o *L'Ystoire de Merlin* en forja demoniaca. "*La virgen de la paloma*", que refiere también al tema venusiano y a los *Evangelios apócrifos* donde Cristo niño infunde vida a palomas hechas de barro, aborda el tema de la creación artística, identificándola con el propio nacimiento de Cristo. "*...y él, poeta incorregible, buscó los labios de donde brotaba aquella risa*"[147] , frase que evoca la relación amorosa del poeta con la musa en "*De invierno*" o "*Para una cubana*". "*La cabeza*" es la cabeza del artista, cíclope y diablo como lo llama Darío, llena del mundo que lo rodea "*como la endiablada mezcla de tintas que lleva la paleta del pintor*"[148] .

Con "*Album porteño*" recorrimos desde la concepción hasta la crucifixión donde el cráneo de Adán es redimido por la sangre de Cristo; estos poemas constituyen una alegoría del artista de tipo cosmogónica en que Dios es el mismo artista que reconstruye con su visión propia el mundo conocido. Así como "*El sátiro sordo*" es la recreación de un mito estacionario (pero refiere también a *Samuel*, 16, 14-23, lo que amplifica el aspecto mesianico del poeta identificándolo con David, como la oposición entre Norte y Sur en *Prosas Profanas* que es a la vez

---

[147] *Ibid.*, p. 98.
[148] *Ibid.*, pp. 99-100.

una referencia al mito de Quetzalcoatl y a *David*, II, 5-45), y "*El año lírico*" de las estaciones en relación simbólica con el origen del mundo, "*Album porteño*" es una cosmogonía (como lo muestra también la alusión a los Cíclopes de la forja de Vulcano), es decir una genealogía de la creación artística, como lo es también "*Album santiagués*". En ambos cada texto alude a un género o una técnica pictórica. En "*Acuarela*" de "*Album santiagués*" el poeta imagina su encuentro con una especie de Cenicienta del mundo real. "*Un retrato de Watteau*" es la descripción de una mujer admirándose delante de su tocador bajo la mirada de un sátiro en bronze que porta un candelabro (símbolo de la penetración física de la mujermmusa por el arte como el lirio en "*El palacio del sol*"). El rapto de Europa en el plafón representa la superación del arte clásico por Darío tal como lo estudiamos en *Prosas Profanas*. "*Naturaleza muerta*" describe la impresión de realidad que dan las frutas falsas gracias al talento del artista. "*Al carbón*" recrea la actitud orante de una mujer. "*Paisaje*" es una escena de amor entre una hermosa rubia y un moreno gentil al resplandor del crepúsculo. El sexto y último texto en referencia a Baudelaire trata del "*Ideal*" del "*pobre pintor de la Naturaleza y de Psiquis*"[149], mujer "*torre de marfil,... flor mística*"[150] que pasa soberbia ante el artista, como un "*sueño azul*"[151]. "*El ideal*", último poema de "*Album santiagués*", prefigura a la musa blanca, "*flor mística*" inalcanzable de "*Yo persigo una forma...*", poema con el que concluye *Prosas Profanas*, momentos en los que el artista habla en primera persona, pues ya posee voz propia porque ha encontrado a su musa, aun imposible. El descubrimiento ("*Acuarela*") de la musa ("*Divina Psiquis, dulce mariposa invisible*", como escribe Darío en *Cantos de vida y esperanza y otros poemas*), encerrada como el Eros de Psiquis en su propia idealidad ("*Un retrato de Watteau*"), se alcanza gracias al arte que le da realidad ("*Naturaleza muerta*"), raptándola como el toro a Europa. La belleza transporta al artista a un plano divino ("*Al carbón*"). Pero el artista Pigmalión o Prometeo enamorado ("*Paisaje*") pierde su musa dándole a luz: "*visión que deslumbra*" ("*El ideal*"[152]).

La tercera parte de *Azul...* que aporta una nueva visión cosmogónica, está dividida en: "*Primaveral*", himno al amor y al mundo edénico, salvaje y primordial; "*Estival*", que recrea el segundo momento de la Creación cuando aparecieron los felinos y las víboras, época saturnal en la que se tejieron los conflictos;

---

[149]*Ibid.*, p. 108.

[150]*Ibid.*, p. 107.

[151]*Ibid.*, p. 108.

[152]*Ibid.*

"*Autumnal*", "*historia... secreta.../ llena... de poesía*"[153] del origen, desde "*las nieblas*"[154] ; "*Invernal*", donde se habla por primera vez de la humanidad, de su Creación implícitamente (ya se ha señalado "*El paisaje urbano en "Invernal""*[155] , que se opone al salvajismo de las estaciones anteriores), asocia el invierno al amor. El amor humano no es castigado; la instalación del poeta en el mundo del invierno favorece el nacimiento del amor, segunda Creación redimida de la culpa como en los casos de Deucalión y Noe, pues el invierno es identificado con el Diluvio en la simbología clásica sincrética entre los relatos bíblicos y las cuatro estaciones, notablemente utilizada por la iconografía moderna. De aquí, verdadero acto de fe del artista del siglo XIX, "*Pensamiento en otoño*" es un himno a la belleza y al amor humano. Al nivel estructural el hecho de que "*Invernal*" cierra el ciclo de las estaciones prefigura este himno, resaltando el carácter trágico, adámico o prometéico, del destino de la humanidad. Con "*Anagke*" se finaliza *Azul...* El poema expone la profunda meditación de Dios sobre su Creación que era toda amor, reprochándose por la muerte que la enturbia y que él mismo impuso. El valor simbólico y bíblico, más precisamente cosmogónico ("*Verano, estío, otoño, invierno, siendo/ cuatro tiempos, que el año dividieron/ en cuatro espacios...*" dice Ovidio, *Las metamorfosis*, Lib. I, 190-193) de las estaciones en *Azul...* se evidencia en *Cantos de vida y esperanza y otros poemas* que reutilizan los motivos de *Azul...* (esencialmente la estación de otoño). La estrofa doce de "*Canción de otoño en primavera*" con acentuada nostalgía recoge la dialéctica de "*Pensamiento de otoño*" en la que la primavera aparece asociada al Edén y por ende al Pecado original como en Poussin. Idénticamente la estrofa dieciocho del primer poema epónimo de *Poema del otoño y otros poemas* (1910) hace referencia al episodio de Ruth y Boaz que, en Poussin como en Hugo, simboliza el verano. En los cuatro primeros poemas de "*Intermezzo tropical*" que siguen a "*Poema del otoño*" están las horas del día confundidas con las estaciones y sus alegorías tradicionales como en la serie que Géricault realizó en Italia. En las primeras estrofas de "*Vesperal*" y de "*Canción otoñal*" nuevamente se identifica el Occidente con el crepúsculo sólo que aquí el advenimiento que se anuncia no es el del poeta prometeico como en *Azul...* sino el de América, más precisamente el de Nicaragua. Nicaragua país del mediodía, "*Midi, roi des étés*" para el poeta, mediodía en *Prosas Profanas*, país ignorado en "*Divagación*" y de la última estrofa de "*Era un aire suave...*" buscado afanosamente por el poeta a través de los cuatro puntos cardinales y desde el que una vez

---

[153] *Ibid.*, p. 123.

[154] *Ibid.*, pp. 124ss.

[155] Coloma, pp. 163ss.

localizado es posible contemplar la totalidad: "*Es la isla de Cardón, en Nicaragua./ Pienso en Grecia, en Morea o en Zacinto./ Pues al brillo del ciclo y al cariño del agua/ se alza enfrente una tropical Corinto*"[156], Corinto citada en "*Divagación*" a propósito de la Jonia de "*Era un aire suave...*" Arturo Andrés Roig planteará más tarde esta misma oposición entre el Occidente crepuscular y la América Latina matutina que "*canta... la alondra matinal en el alba de la primavera*" como Darío escribe a su musa Venus en "*A una estrella*"[157].

Por todo este conjunto de elementos *Azul...* se inscribe dentro de una perspectiva latinoamericanista. Al mundo rico y ciudadano de mujeres blancas se opone la Cenicienta de "*Acuarela*". Con brazo de ninfa y pie pequeño en el zapato de tacones rojos la aristócrata santiaguesa de "*Un retrato de Watteau*" se contrapone no sólo a la Cenicienta de "*Acuarela*" sino que también a los monstruos: sátiros y sirenas que decoran su entorno. El arte y la cultura son el paradigma y la salvación de la monstruosidad física de la humanidad tal como se ve en "*La ninfa*", en paradójica concordancia con la diformidad moral que campea en el mundo egoista y vanidoso de los grandes y de los dioses. "*Naturaleza muerta*" plantea el contraste en el plano artístico-cultural[158]. La sección "*El año lírico*" aborda lo mismo sólo que a nivel mitológico. "*Anagke*", palabra que significa "*Fatalidad*" como lo recuerda D. Eduardo de la Barra[159], resalta de manera irónica el carácter trágico de la vida marcada por la contraposición entre Dios y Satán en referencia a *Job*. "*Anagke*" es también la evocación del mito de Escila que transformada en alondra por haber traicionado a su padre fue devorada por éste metamorfoseado en águila. Así como Elena o Filomela, símbolo de la voz poética en Darío, Escila se relaciona con las intrigas del poder y del amor. Escila como Filomela (o Ariadna) es traicionada por un mozo. Al cortar la mecha de oro de su padre para entregarse a Minos, Escila sería la representación de la América hispánica que deshaciéndose del yugo español se entrega a los deseos de conquista del águila de América del Norte (ver también *Cantos de vida y esperanza y otros poemas*, en particular sobre la alondra como símbolo del advenimiento del pueblo latinoamericano los poemas XII a XIV). Tal hipótesis encuentra su confirmación en "*Canto a la Argentina*" donde la figura de Anagké simboliza

---

[156]Darío, *Poesía*, Managua, Nueva Nicaragua, 1994, p. 368.

[157]*Azul...*Guaymuras, p. 161.

[158]V. Lily Litvak, "*Una "Naturaleza muerta" - Rubén Darío derrota a Zeuxis y a Parrasio*", *Artefacto*, No 11, marzo-junio de 1995.

[159]V. *Azul...*, edición del Centenario, Managua, Nueva Nicaragua, 1988, p. 66.

nuevamente el destino trágico que a América impuso Europa. "*El año lírico*" opone entonces símbolos de la discrepencia y de la crueldad de los dioses (Adonis y Afrodita en "*Primaveral*", el principe de Gales y sus niños rubios en "*Estival*") a símbolos del amor y de la entrega al otro (las aves de "*Primaveral*", el amor del tigre asociado con Pan, Cupido y Citeres en "*Estival*", la relación del poeta creador del mundo con la mujer-musa en una concepción adámica de descubrimiento y "*Unión mística*" en "*Autumnal*", la paloma venusiana de "*Primaveral*" asociada con blancura, el despertar de Oriente, la aurora, el cielo azul, el recuerdo de la amada para el amante, la música celeste y la maternidad en "*Anagke*"). "Invernal" evocando a Hebe opone el frío que mata al pobre (noche fría, nieve frigida, invierno, como en "*El rey burgués*") al amor del poeta que representa el calor del fuego y lo negro. Igualmente "*Pensamiento en otoño*" opone el invierno a la mujer, Venus de abril, eterna primavera, y al amor de pareja, a los que el poeta dedica un himno. "*Estival*", que nos recuerda "*La mort du loup*" de *Les Destinées* de Vigny[160], es una alegoría de la Crueldad tal como podemos ver en los libros de emblemas[161]. Las letras de diamante del fardo representan igualmente el corazón duro, como el pecho de diamante de las figuras de la Crueldad. "*Al carbón*", que describe una mujer orando en la oscuridad, como "*Autumnal*" habla de una trascendencia de tipo religioso de lo blanco a través de lo negro. De ahí que la mujer blanca de "*boca roja que pedía el beso*" amante del hombre moreno de "*Paisaje*" en "*Album santiagués*" es como la hembra de "*boca bermeja*" de "*Primaveral*" o la mujer de "*Invernal*", "*Venus*" y "*De invierno*", alegoría como en *Prosas Profanas* de la musa blanca que se entrega al poeta de América. "*El ideal*", retomando lo mismo dialéctica que "*La cabeza*" o "*Autumnal*", identifica el ideal, lo blanco, el alba, el azul y la musa con el país encantado ("*Paisaje*" de "*Album santiagués*") que en *Prosas Profanas* se identifica claramente con América.

Ahora bien una vez constatada la unidad de motivos en la obra dariana la misma recurrencia de estos nos incita a proponer una interpretación alegórica de *Azul...* Es oportuno volver nuevamente a la cuestión del origen del significado de este título, pero esta vez refiriéndonos a Mallarmé, autor de dos celebres poesías tituladas "*L'après-midi d'un faune*" (1876) y "*L'Azur*" (1866) evidentemente de simbología alquímica. En "*L'Azur*" Mallarmé opone el azul celeste del cielo a la materia: "*-Le Ciel est mort. - Vers toi, j'accours! donne, ó matière,/L'oubli de l'Idéal cruel et du Péché/ A ce martyr qui vient partager la litière/ Où le bétail heureux des hommes est*

---

[160]"*La Flûte*", otro poema de *Les Destinées*, habiendo también inspirado a Darío, en este caso, ya lo hemos dicho, a "*El Rey burgués*" y "*El sátiro sordo*".

[161]V. José Luis Morales y Marin, *Diccionario de iconología y simbología*, Madrid, Taurus, 1986.

couché,/ Car j'y veux, puisque enfin ma cervelle vidée... N'a plus l'art d'attifer la sanglante idée,/ Lugubrement bâiller vers le trépas obscur.../ En vain! L'Azur triomphe et je l'entends qui chante/ Dans les cloches... et du métal vivant sort en bleus angélus!/... Où fuir dans la révolte inutile et perverse?/ Je suis hanté. L'Azur! L'Azur! L'Azur! L'Azur!" Aquí el Ideal se vuelve sospechoso y el mal atractivo como en la poesía de Baudelaire que reaccionó a la poesía de Hugo. En "*L'après-midi d'un faune*" Mallarmé describe a un sátiro idólatra asociado al rojo de la carne y de la sangre que aspira a la muerte y al amor y poseyendo a Venus se condena a sí mismo. Este sátiro se opone al azur, falso. Y al bañarse como en una fuente en los ojos azules de la ninfa y en su caliente vellón su soplo asciende de nuevo al cielo. La cabeza vacía del poeta, el color rojo y el metal son símbolos alquímicos. Las campanas podrían evocar la unión en el aire del fuego y del agua[162]. El carácter mesiánico de Pan, que se encuentra también en "*Verlaine*" de *Prosas Profanas*, refiere a la oda a Pan de Virgilio en la cual el rostro del dios simboliza el fuego, su barba el fuego y el aire, su piel la estrellas, y la flauta de siete cañas los siete cielos, o a Servio en el que las astas del dios representan los rayos del sol y sus cuernos la luna.

Numerosos motivos de la obra dariana tienen un trasfondo alquímico: palacios de cristal, reyes, princesas o ninfas desnudas, pavos reales, y parejas de enamorados. En *Prosas Profanas* el poeta-alquimista se propone encontrar la verdadera clave del jardín de las Hesperides en su búsqueda heróica del vellocino de oro. La última parte de la edición de 1901 nos revela que como el alquimista en la concepción hindú el poeta busca como transformar el cuerpo, mortal y corruptible, en inmortal y divino. Podemos citar varios símbolos alquímicos evidentes en *Azul...*: el verso de oro[163], las referencias a Alberto Grande, Averroes, Raimundo Lulio, "*las fórmulas aristotélicas,... cábala y nigromancia*" así como también a la Piedra Filosofal[164], la química[165], lo rojo que brota de lo blanco[166], la cabeza[167], la música celeste de "*Anagke*"[168], el "*arca extraña*" del "*terrible taller*"[169], el "*camino de Gloria, donde hay que andar descalzo sobre cambroneras y abrojos; y desnudo, bajo*

---

[162]V. Stanislas Klossowski de Rola, *Alquimia*, Madrid, Debate, 1993, fig. 36.

[163]*Azul...*-Guaymuras, p.54.

[164]*Ibid.*, p.63.

[165]*Ibid.*, p.66.

[166]*Ibid.*, p.69.

[167]*Ibid.*, p.99.

[168]*Ibid.*, pp. 136-137.

[169]*Ibid.*, p.152.

una eterna granizada"[170]. Podemos también ver en *"La cabeza"* la imagen alquímica de Atena, o sea la lluvia de oro que encontramos por ejemplo en las obras de Glauber o de Michael Maier. Como lo recuerda Julio Valle-Castillo[171] numerosos escritores desde Octavio Paz hasta Cathy Login Jrade pasando por Ricardo Gullón y Anderson Imbert señalaron *"la corriente central "de ocultismo que atraviesa la obra de Darío""*.

Según las teorías budista, zen y sufi, en el proceso de iluminación que acontece durante la búsqueda de la Piedra Filosofal, se forma el núcleo espiritual, el hombre materia y alquimista de la Gran Obra debe cambiarse en el divino cinabrio según dice la alquimia china para igualar a los dioses a través de la fundición ritual, es decir el pasaje en la forja, los hornillos alquímicos de la tradición europea en los cuales la Piedra Filosofal pasa del blanco al rojo. Es ese mismo proceso de identificación entre el poeta-Dios y su obra-mundo que nos revelan *"La ninfa"*, *"El velo de la reina Mab"*, *"El pájaro azul"*, *"La cabeza"* o *"El ideal"*. *"El rubí"*, *"Aguafuerte"* y *"De invierno"* nos hablan explícitamente del pasaje del blanco al rojo. De ahí nace la Piedra Filosofal. La Obra ha de llevarse a cabo en primavera, estación de *"El palacio del sol"*, *"La muerte de la emperatriz de China"* o *"Echos"*, pero también primera estación de *"El año lírico"*. *Azul...* nos descubre de manera alegórica el proceso alquímico en sus distintas etapas. Devorado por Cerbero (*"El fardo"*) en ocho ocasiones por mediación del fuego secreto el sujeto, tras haber descubierto la materia prima mineral y metálica de la Gran Obra de la teoría sanscrita: Adán (el hombre salvaje del *"Rey burgués"*), y limpio de impureza (el poeta harapiento de *"La canción del oro"* que nos evoca también al Loco del Tarot), queda listo para ser cocido en el interior del Huevo hasta alcanzar la perfección (*"Aguafuerte"*). Tenemos aquí también una relación con la mitología clásica:

"Zeus fulmina a los Titanes. De sus cenizas nace la raza humana, que tiene del origen de sus antepasados lo que en ella hay de terrestre y de bestial, pero posee también en su alma otro elemento, divino, que se debe a Dionisos devorado. La tarea del hombre es, pues, librarse de lo que en él hay de "titánico", despertar, purificar el elemento divino, dionisíaco, que también posee. Tales fueron las leyendas y las enseñanzas del orfismo"[172].

---

[170]*Ibid.*, p. 160.

[171]Julio Valle-Castillo, *"Rubén Darío y el poema gráfico de América"*, *Nuevo Amanecer Cultural*, sábado 7 de febrero de 1998, p. 1.

[172]Georges Méautis, *Mitología griega*, Buenos Aires, EDICIAL, 1995, p. 90.

En esta perspectiva la alternancia en *Azul...* entre cuentos de muerte y cuentos de resurrección toma todo su valor. Dentro del huevo los dos principios uno masculino, caliente y solar, el otro femenino, frío y lunar, se interactúan mordiéndose salvajemente (*"Estival"*) hasta pudrirse y disolverse en nigredo líquido, esta oscuridad superior a todas las otras porque *"no hay generación sin corrupción"*. A esa etapa, que anuncia el nacimiento de un niño en Belén (*"Album porteño"*), sucede la etapa en la que el Mercurio vuelve en el microcosmos (b*Album santiagués"*) del Huevo recibiendo las influencias celestiales y purificadoras (*"Al carbón"*) y vuelve a caer sobre el continente que ha de emergir finalmente (*"Autumnal"*), mientras aparece un sinfín de hermosos colores llamado Cola de Pavo Real (los *"iris hechos trizas...* (con) *un color de lapislázuli y una humedad radiosa"* que describe Darío[173] en *"Acuarela"* de *"Album porteño"* alude a la mujer Iris[174]). Al final de este segundo trabajo el Rey Rojo o Azufre de los Sabios sale del vientre de su hermana Isis o el Mercurio, Rosa Alba, la Rosa Blanca, para reunirse en el Fuego del Amor (Sal o Fuego Secreto) con la Reina Bendita (al igual que Cadmo atravesa la serpiente con su lanza) dando así a luz a la Piedra Filosofal (*"Invernal"*, *"Pensamiento en otoño"*). Darío propone entonces de ver en el poeta un alquimista. *"Pocos artistas son verdaderos alquimistas: hay demasiados que trabajan siguiendo los principios de la química vulgar. Estos últimos, basándose en este arte, divulgan todo tipo de sofismas y los impostores los utilizan para, después de haberse arruinado ellos, arruinar a otros. (Su arte) se hubiera despreciado por todas estas razones de no haber existido otras más fuertes para valorarlo, ya que muchos de sus descubrimientos han sido muy útiles para la humanidad. Los verdaderos alquimistas no se vanaglorian de sus conocimientos; no pretenden engañar a la gente para conseguir dinero, porque, como Morien dijo al rey Calid, el que lo tiene todo, no necesita nada. Dan sus riquezas a los necesitados. No venden su secreto y, si transmiten su conocimiento a unos cuantos amigos, es sólo a aquellos que creen que se lo merecen y que lo utilizarán de acuerdo con la Voluntad Divina. Conocen la Naturaleza y sus mecanismos, y utilizan este conocimiento para alcanzar, como dice San Pablo, el del Creador"* escribe Don Pernety en su *Dictionnaire Mytho-Hermétique*[175], recordándonos los poetas del *"Rey burgués"* y *"El rubí"*. Pero si el poeta puede obtener esta suprema sabiduría es porque: *"Porfirio, en su tratado sobre las sensaciones, nos dice que la visión no se produce por un cono ni por una imagen ni por ningún otro objeto, sino que es la mente, estableciendo conexión con los objetos visibles, la que se ve así misma en dichos objetos, que no*

---

[173] *Azul...*-Guaymuras, p. 96.

[174] V. Bib. Apost. Vaticano, Cod. Pal. lat. 1066, f.223.

[175] Cit. por Klossowski, p. 13.

son sino ella misma, dado que la mente abarca todo y que todo lo que existe no es sino la mente, que contiene cuerpo de todas clases" según dice la teoría gnóstica[176].

El manejo de los colores tiene aquí su significación. Mientras el negro Saturno, que echando por la boca a sus hijos simboliza a la materia prima una vez humedecida y calentada adecuadamente, se relaciona con la turquesa, el sol se asocia con el zafiro, piedra muchas veces citada por Darío en su obra[177]. Así el color verde de la primavera en *"Echos"* o indistintamente garzo o verde de los ojos de Atenea, que evoca el grado primordial de la obra, el Caos, que hay antes y durante la putrefacción, se complementa con el grado último, azul, del sol, sombra de Dios, oro de los filósofos (*"encarnación de éter"*[178]), que se opone al oro falso de la ciencia humana. Además, esta ambivalencia que mantiene Darío en el poemario entre los dos colores parece resolverse en la figura del dios azteca del Sol Chalchihuitl[179], en cuanto éste es símbolo de renovación (renovación que se puede interpretar en la perspectiva dariana tanto como la regeneración del proceso de superación alquímica que como el renacimiento modernista que el nicaragüense aportó a la literatura de su época). El azul es símbolo del dominio del hombre sobre su destino: el Agente Mágico Universal: Azoth y la región de Magnesia (ver *"Anagke"* y la concepción prometeica del artista en *Azul...*). Como nos lo revela *"El palacio del sol"* la alquimia es Panacea, Fuente de Vida, Medecina Universal. El juego de los colores tiene entonces en *Azul...* un doble valor simbólico: de rebelión como en Baudelaire: *"L'oeil d'azur* (étant) *vaincu par l'oeil noir"* (*"Lesbos"*), y por ende de susperación y advenimiento como en el *Apocalipsis* y *"El fardo"*. Es en la reunión alquímica del alma (principio feminino) y del poeta (principio viril) que, en *"Palomas blancas y garzas morenas"* o *"De invierno"* como en el primer poema sin título de *Cantos de vida y esperanza y otros poemas* (estrofas 6 y 9-10), se opera tal trascendencia, tal advenimiento del divino cinabrio, de lo rojo, color-símbolo como lo negro de lo Americano tanto en *Azul...* como en *Prosas Profanas*. El proceso de alcanze de un ser propio se desarrolla en los dos poemarios a través de la alegoría musical, la alquimía siendo Arte de Música, la Sal Armónica, tercer componente del Arte es representada como en *Prosas Profanas* por la estrella de Belén junto con Pan, hijo de Mercurio, músico cuya cabeza y

---

[176]Klossowski, *ibid.*, p. 18.

[177]V. por ejemplo *Historia de mis libros*, o *Azul...*-Guaymuras, p. 78.

[178]*Azul...*, *ibid.*, p. 61.

[179]V. Jean Chevalier et Alain Gheerbrant, *Dictionnaire des symboles*, París, Laffont/Jupiter, 1988, art. *"Bleu"*, p. 131.

46

cuerpo componen el jeroglífico del mercurio de los filósofos, solar y lunar a la vez.

F) *Azul...* "en question"

El título *Azul...* con puntos suspensivos acusa la significación múltipla: alquímica, huguesca, baudelairiana y mallarmeana del color azul y nos introduce a la problemática latinoamericanista del poemario, evidente en sus motivos, dándonos nuevas y definitivas luces sobre la cuestión de la supuesta orientación esencialmente estética de Darío antes de *Cantos de vida y esperanza y otros poemas*, que nos autorizan a pensar que hay una continuidad en su creación desde *Epístolas y Poemas*. Este estudio demuestra que, más allá del discurso social, *Azul...* no solamente plantea el problema del individuo en la sociedad capitalista moderna, sino que también se interroga sobre el estatus de América en el mundo, lo que al reconocer una ciudadanía nacional nos permite hablar en el más estricto sentido etimológico de la orientación polí-tica de *Azul...* En esta medida comprendemos el carácter mesiánico del poeta, típico de la mitología del siglo XIX acerca de la formación de sí, ora en las armas y el heroismo viril, ora en el talento oratorio o las artes y letras[180]. Esta superación nacional a través del advenimiento de un individuo, que se encuentra también en Dostoievsky, Hugo o Michelet, toma en Darío acentos que confirman las tesis de Fanon acerca de los conflictos en la relación negro-blanco. *Azul...*, influenciado entre otros por Martí (especialmente en *"Walt Withman"*[181]) nos da cuenta del pensamiento latinoamericano y liberal de una época.

---

[180] V. Philippe Ariés y Georges Duby, *Historía de la familia*, Madrid, Taurus, 1991, t. 8, p. 165.
[181] Como lo recuerda Coloma, pp. 177-178.

III - UNA NOTA DE ESTUDIO GENETICO ACERCA DE *"EL PAJARO AZUL"* DE DARIO

En nuestro trabajo sobre "*Edvard Munch*", recordamos que, en 1877, Manet pinta un *Suicide*, que parece retomar en sustancia (presencia de un baúl de roble, una cama baja y aplastada, muy estrecha, una tela colgada de una pared, el suicida que tiene todavía en mano la pistola y que, boca abierta, parece, como más tarde el "*Soñador*" de Rimbaud, dormir) el artículo de Zola ("*Mon Salon - Un Suicide*", *L'Evénement*, 19/4/1866) sobre un pintor de origen alemán que se había dado muerte.

El texto de Zola contiene esta descripción del hecho siniestro:
"*Le bruit courait qu'un artiste venait de se tuer, à la suite du refus de ses toiles par le jury. J'ai voulu voir l'atelier où le malheureux s'était suicidé; je suis parvenu à connaître la rue et le numéro, et je sors à peine de la pièce sinistre dont le parquet a encore de larges taches rougeâtres.*"

Lo que Darío parece reinterpretar en el final de su cuento "*El Pájaro Azul*" (*Azul...*, 1888):
"*Pálidos, asustados, entristecidos, al día siguiente, todos los parroquianos del Café Plombier que metíamos tanta bulla en aquel cuartucho destartalado, nos hallábamos en la habitación de Garcín. Él estaba en su lecho, sobre las sábanas ensangrentadas, con el cráneo roto de un balazo. Sobre la almohada había fragmentos de masa cerebral. ¡Qué horrible!*"

Ahí donde en "*El Pájaro Azul*" Darío empieza su cuento con una crítica a la vida parisina:
"*París es teatro divertido y terrible. Entre los concurrentes al café Plombier, buenos y decididos muchachos -pintores, escultores, poetas- sí, ¡todos buscando el viejo laurel verde!, ninguno más querido que aquel pobre Garcín, triste casi siempre, buen bebedor de ajenjo, soñador que nunca se emborrachaba, y, como bohemio intachable, bravo improvisador.*"

En "*La Légende de l'homme à la cervelle d'or*" ("*El hombre de la sesera de oro*", *Les Lettres de mon moulin*, 1869), Alphonse Daudet[182] empieza contestando a una señora que le recrimina por nunca producir cuentos alegres:
"*Al leer su carta, señora, me ha asaltado algo así como un remordimiento. Me he recriminado el color pesimista de mis cuentos y me he comprometido a enviarle algo alegre, profundamente alegre. ¿Por qué habría de estar triste, después de todo? Vivo a mil leguas de las nieblas parisinas, sobre una colina luminosa, en la región de los tamboriles y del vino moscatel. A mi alrededor todo es sol y música; tengo orquestas de aguzanieves, orfeones de abejarucos, por la mañana los*"

---

[182]Utilizaremos aquí la traducción de http://www.ciudadseva.com/textos/cuentos/fran/daudet/el_hombre_de_la_sesera_de_oro.htm
48

chorlitos que hacen ¡cholorí, cholorí!; a mediodía las chicharras, luego los zagales tocando la zampoña y las guapas mozas morenas a las que se les oye reír en los viñedos... En verdad, el lugar está mal elegido para tejer fantasías tenebrosas; yo debería, más bien, enviar a las damas poemas color de rosa y cestas llenas de cuentos galantes...

¡Pues bien, no! Todavía estoy demasiado cerca de París. A diario llegan hasta mis pinos las salpicaduras de sus tristezas... En este momento en el que escribo, acabo de saber que el pobre Charles Barbara ha muerto en la miseria; por lo cual mi molino se ha vuelto de luto riguroso. ¡Adiós a los chorlitos y a las chicharras! Ya no tengo ánimos para contar cosas alegres. Por esa causa, señora, en lugar del lindo cuento festivo que había decidido escribir para usted, no leerá hoy sino una leyenda melancólica."

Mientras en Darío el carácter taciturno de Garcín es el que lo distingue, revelando su diferencia mediante la confesión del mismo:

"En el cuartucho destartalado de nuestras alegres reuniones, guardaba el yeso de las paredes, entre los esbozos y rasgos de futuros Clays, versos, estrofas enteras escritas en la letra echada y gruesa de nuestro amado pájaro azul.

El pájaro azul era el pobre Garcín. ¿No sabéis por qué se llamaba así? Nosotros le bautizamos con ese nombre.

Ello no fue un simple capricho. Aquel excelente muchacho tenía el vino triste. Cuando le preguntábamos por qué cuando todos reíamos como insensatos o como chicuelos, él arrugaba el ceño y miraba fijamente el cielo raso, nos respondía sonriendo con cierta amargura...

-Camaradas: habéis de saber que tengo un pájaro azul en el cerebro, por consiguiente..."

En Daudet, la revelación de la peculiar característica del niño es la que provoca su ensimismamiento:

"Érase una vez un hombre que tenía la sesera de oro; sí, señora, una sesera completamente de oro. Cuando vino al mundo, los médicos pensaron que aquel niño no podría vivir, tan pesada era su cabeza y tan desmesurado su cráneo. Sin embargo, vivió y creció al sol como un hermoso retoño de olivo; sólo que su gruesa cabeza le arrastraba siempre, y daba pena verlo tropezar con los muebles al andar... A menudo se caía. Un día rodó desde lo alto de una escalinata y vino a dar con la frente en un peldaño de mármol, donde su cráneo resonó como un lingote. Le creyeron muerto; pero, al levantarlo, sólo le encontraron una leve herida con dos o tres gotitas de oro cuajadas entre sus cabellos rubios. Fue así como los padres supieron que tenía una sesera de oro. No lo divulgaron; ni siquiera el niño sospechó nada. De vez en cuando éste preguntaba por qué ya no le permitían correr y jugar fuera de casa con a los demás niños.

-¡Podrían robarte, mi tesoro! -decía la madre.

Entonces el chiquillo sentía miedo de que lo raptaran y se ponía a jugar solo, sin decir palabra, vagando pesadamente de una habitación a otra."

En los dos casos, Daudet y Darío, el cuento se abre desde la evocación del personaje central.

Mientras en Daudet la separación de los padres proviene del interés que le cobran por haberle criado, lo que provoca una vida de derroche hasta que la razón le imponga poner fin a sus derroches:

"Sólo al cumplir los dieciocho años le revelaron sus padres el don monstruoso que debía al destino; y como lo habían alimentado y educado desde que nació, le pidieron, en compensación, una parte de su oro. El chico no vaciló: en el acto -¿cómo?, ¿por qué medios?, la leyenda no lo dice- se arrancó del cráneo un buen trozo de oro macizo y lo depositó en el regazo de su madre...

Luego, deslumbrado por los caudales que llevaba en la cabeza, abandonó la casa paterna y se fue por el mundo dilapidando su tesoro. A juzgar por el modo de vivir a lo grande, regiamente y derrochando el oro sin contarlo, habríase dicho que aquella sesera era inagotable... Pero se iba agotando y, poco a poco, su mirada se fue apagando y sus mejillas se demacraron. Un día, la mañana siguiente de una fiesta desenfrenada, el desgraciado, que se había quedado solo entre los restos del festín, se espantó al ver el enorme trozo que le faltaba a su lingote; por lo que pensó que debía detener su despilfarro.

A partir de entonces su existencia cambió. Se retiró y empezó a vivir del trabajo de sus manos, atemorizado y receloso como un avaro, huyendo de las tentaciones, procurando olvidar las fatales riquezas a las que no quería tocar... Por desdicha, un amigo le había seguido en su soledad y este amigo conocía su secreto. Una noche, el desventurado fue despertado súbitamente por un intenso dolor de cabeza; se incorporó desatinado, y vio a la luz de la luna a su amigo que escapaba ocultando algo bajo su capa... ¡Un trozo más de sesera que le quitaban!"

En Darío, son los viajes fuera de la ciudad los que llevan a Garcín a tener conciencia de su particularidad, y la imposibilidad de conseguir libros caros y el ver el lujo ajeno lo que lo conducen a considerar la existencia del pájaro azul encerrado en su cerebro:

"Sucedía también que gustaba de ir a las campiñas nuevas, al entrar la primavera. El aire del bosque hacía bien a sus pulmones, según nos decía el poeta.

De sus excursiones solía traer ramos de violetas y gruesos cuadernillos de madrigales, escritos al ruido de las hojas y bajo el ancho cielo sin nubes. Las violetas eran para Nini, su vecina, una muchacha fresca y rosada que tenía los ojos muy azules.

Los versos eran para nosotros. Nosotros los leíamos y los aplaudíamos. Todos teníamos una alabanza para Garcín. Era un ingenuo que debía brillar. El tiempo vendría. Oh, el pájaro azul volaría muy alto. ¡Bravo! ¡bien! ¡Eh, mozo, más ajenjo!

* * *

Principios de Garcín:

De las flores, las lindas campánulas.

Entre las piedras preciosas, el zafiro. De las inmensidades, el cielo y el amor: es decir, las pupilas de Nini.

Y repetía el poeta: Creo que siempre es preferible la neurosis a la imbecilidad.

* * *

A veces Garcín estaba más triste que de costumbre.

Andaba por los bulevares; veía pasar indiferente los lujosos carruajes, los elegantes, las hermosas mujeres. Frente al escaparate de un joyero sonreía; pero cuando pasaba cerca de un almacén de libros, se llegaba a las vidrieras, husmeaba, y al ver las lujosas ediciones, se declaraba decididamente envidioso, arrugaba la frente; para desahogarse volvía el rostro hacia el cielo y suspiraba. Corría al café en busca de nosotros, conmovido, exaltado, casi llorando, pedía un vaso de ajenjo y nos decía:

-Sí, dentro de la jaula de mi cerebro está preso un pájaro azul que quiere su libertad..."

En Darío:

" Un día recibió de su padre, un viejo provinciano de Normandía, comerciante en trapos, una carta que decía lo siguiente, poco más o menos:

"Sé tus locuras en París. Mientras permanezcas de ese modo, no tendrás de mí un solo sou. Ven a llevar los libros de mi almacén, y cuando hayas quemado, gandul, tus manuscritos de tonterías, tendrás mi dinero."

Esta carta se leyó en el Café Plombier.

-¿Y te irás?

-¿No te irás?

-¿Aceptas?

-¿Desdeñas?

¡Bravo Garcín! Rompió la carta y soltando el trapo a la vena, improvisó unas cuantas estrofas, que acababan, si mal no recuerdo:

¡Sí, seré siempre un gandul,
lo cual aplaudo y celebro,
mientras sea mi cerebro
jaula del pájaro azul!"

Como en Daudet, la separación de los padres es lo que provoca el cambio ontológico del protagonista, su libertad y su alegre derroche gozando de la vida.

En Daudet:

"Poco después se enamoró, y esta vez se acabó todo. Amaba a una mujercita rubia, que también lo amaba, pero que amaba más aún las plumas, los lazos, los pompones, los bordados y pasamanerías. Entre las manos de aquella gentil criatura -mitad pájaro, mitad muñeca- las monedas de oro se fundían sin sentir. Era caprichosa a más no poder; y él no sabía decir no. Por no contrariarla llegó incluso a ocultarle el origen de su fortuna.

-¿Así que somos muy ricos? -decía ella.

El pobre hombre respondía:

-¡Oh, sí!... ¡Muy ricos! -Y sonreía con amor al pajarito azul que, inocentemente, le iba devorando el cráneo.

51

Pese a todo, a veces le entraba miedo y le daban ganas de volverse avaro, pero entonces llegaba su mujercita mimosa y le rogaba:

-Cariño, tú que eres tan rico... ¡Cómprame algo que sea muy caro!

Y él le compraba algo muy caro. Así pasaron dos años, hasta que una mañana la mujercita, sin saber por qué, se murió como un pajarito... El tesoro tocaba a su fin, pero con lo que le quedaba, el viudo encargó un hermoso entierro para su amada muerta. Campanas al vuelo, carroza tapizada de negro, caballos empenachados, lágrimas de plata sobre el terciopelo, nada le pareció demasiado suntuoso. Ahora ya ¿qué le importaba su oro? Lo prodigó: le dio a la iglesia, a los sepultureros, a las vendedoras de siemprevivas; por todas partes lo repartió sin regatear... Por eso, al salir del cementerio ya no le quedaba casi nada de su maravillosa sesera; tan sólo unos trocitos pegados a las paredes del cráneo."

Como en Darío:

"Desde entonces Garcín cambió de carácter. Se volvió charlador, se dio un baño de alegría, compró levita nueva, y comenzó un poema en tercetos titulados, pues es claro: El pájaro azul.

Cada noche se leía en nuestra tertulia algo nuevo de la obra. Aquello era excelente, sublime, disparatado.

Allí había un cielo muy hermoso, una campiña muy fresca, países brotados como por la magia del pincel de Corot, rostros de niños asomados entre flores; los ojos de Nini húmedos y grandes; y por añadidura, el buen Dios que envía volando, volando, sobre todo aquello, un pájaro azul que sin saber cómo ni cuándo anida dentro del cerebro del poeta, en donde queda aprisionado. Cuando el pájaro canta, se hacen versos alegres y rosados. Cuando el pájaro quiere volar abre las alas y se da contra las paredes del cráneo, se alzan los ojos al cielo, se arruga la frente y se bebe ajenjo con poca agua, fumando además, por remate, un cigarrillo de papel.

He ahí el poema.

Una noche llegó Garcín riendo mucho y, sin embargo, muy triste.

* * *

La bella vecina había sido conducida al cementerio.

-¡Una noticia! ¡una noticia! Canto último de mi poema. Nini ha muerto. Viene la primavera y Nini se va. Ahorro de violetas para la campiña. Ahora falta el epílogo del poema. Los editores no se dignan siquiera leer mis versos. Vosotros muy pronto tendréis que dispersaros. Ley del tiempo. El epílogo debe titularse así: "De cómo el pájaro azul alza el vuelo al cielo azul"."

El amor es el que cambia la actitud del protagonista ante la vida, y la muerte del ser querido lo que provoca su caída definitiva.

En Daudet, el *"pájaro azul"* es la misma mujer amada locamente por el protagonista.

Mientras en Daudet:

"Entonces lo vieron irse por las calles con aspecto extraviado y las manos por delante, tropezando como un beodo. Al anochecer, a la hora en que se encienden los bazares, se detuvo

ante un amplio escaparate en el que todo un amasijo de lujosas telas y pedrerías espejeaba bajo las lámparas; y permaneció allí un buen rato contemplando un par de chinelas de raso azul con ribetes de plumas de cisne. «Sé de alguien a quien estos escarpines le darán una gran alegría», se decía sonriendo; y, sin recordar que su esposa estaba muerta, entró para comprarlos. Desde el fondo de la trastienda la tendera oyó un grito agudo; acudió y retrocedió espantada al ver al hombre de pie, recostado sobre el mostrador, mirándola angustiosamente. Tenía en una mano los escarpines y en la otra, ensangrentada, unas cuantas partículas de oro en las uñas."

Como en Darío:

"¡Plena primavera! Los árboles florecidos, las nubes rosadas en el alba y pálidas por la tarde; el aire suave que mueve las hojas y hace aletear las cintas de los sombreros de paja con especial ruido! Garcín no ha ido al campo.

Hele ahí, viene con traje nuevo, a nuestro amado Café Plombier, pálido, con una sonrisa triste.

-¡Amigos míos, un abrazo! Abrazadme todos, así, fuerte; decidme adiós con todo el corazón, con toda el alma... El pájaro azul vuela.

Y el pobre Garcín lloró, nos estrechó, nos apretó las manos con todas sus fuerzas y se fue.

Todos dijimos: Garcín, el hijo pródigo, busca a su padre, el viejo normando. Musas, adiós; adiós, gracias. ¡Nuestro poeta se decide a medir trapos! ¡Eh! ¡Una copa por Garcín!

Pálidos, asustados, entristecidos, al día siguiente, todos los parroquianos del Café Plombier que metíamos tanta bulla en aquel cuartucho destartalado, nos hallábamos en la habitación de Garcín. Él estaba en su lecho, sobre las sábanas ensangrentadas, con el cráneo roto de un balazo. Sobre la almohada había fragmentos de masa cerebral. ¡Qué horrible!

Cuando, repuestos de la primera impresión, pudimos llorar ante el cadáver de nuestro amigo, encontramos que tenía consigo el famoso poema. En la última página había escritas estas palabras: Hoy, en plena primavera, dejó abierta la puerta de la jaula al pobre pájaro azul."

El último cambio, la aparición del protagonista y la equivocación sobre sus intenciones (Darío) o su intención equivocada (Daudet) son productos de la muerte de su amor, el enfrentarse al mundo despiadado del comercio, la tienda que provoca la muerte del protagonista en Daudet, es lo que le toca a Garcín en Darío mucho antes, antes de cortar definitivamente con su padre y enamorarse:

"Andaba por los bulevares; veía pasar indiferente los lujosos carruajes, los elegantes, las hermosas mujeres. Frente al escaparate de un joyero sonreía; pero cuando pasaba cerca de un almacén de libros, se llegaba a las vidrieras, husmeaba, y al ver las lujosas ediciones, se declaraba decididamente envidioso, arrugaba la frente; para desahogarse volvía el rostro hacia el cielo y suspiraba. Corría al café en busca de nosotros, conmovido, exaltado, casi llorando, pedía un vaso de ajenjo y nos decía:

-Sí, dentro de la jaula de mi cerebro está preso un pájaro azul que quiere su libertad..."

Similares son las conclusiones de Daudet:

"*Pese a su aspecto de cuento fantástico, esta leyenda es cierta por los cuatro costados... Hay en el mundo personas condenadas a vivir de su cerebro, y pagan con oro de ley, con su médula y su propia sustancia, las más ínfimas cosas de la existencia. Cada día es para ellos un sufrimiento, y luego, cuando están hartas de sufrir...*"

Y Darío:

" *¡Ay, Garcín, cuántos llevan en el cerebro tu misma enfermedad!*"

Haciendo de ambos una alegoría del estatus del poeta en la sociedad. Daudet es clarísimo en el particular:

"*Hay en el mundo personas condenadas a vivir de su cerebro, y pagan con oro de ley, con su médula y su propia sustancia, las más ínfimas cosas de la existencia. Cada día es para ellos un sufrimiento, y luego, cuando están hartas de sufrir...*"

De hecho, en *Les Lettres de mon moulin*, Daudet simboliza de nuevo, de la misma manera, la situación del escritor en la sociedad, en la dedicatoria de "*La chèvre de Monsieur Seguin*":

"*À M. Pierre Gringoire, poète lyrique à Paris*

Tu seras bien toujours le même, mon pauvre Gringoire!

Comment! on t'offre une place de chroniqueur dans un bon journal de Paris, et tu as l'aplomb de refuser... Mais regarde-toi, malheureux garçon! Regarde ce pourpoint troué, ces chausses en déroute, cette face maigre qui crie la faim. Voilà pourtant où t'a conduit la passion des belles rimes! Voilà ce que t'ont valu dix ans de loyaux services dans les pages du sire Apollo... Est-ce que tu n'as pas honte, à la fin?

Fais-toi donc chroniqueur, imbécile! Fais-toi chroniqueur! Tu gagneras de beaux écus à la rose, tu auras ton couvert chez Brébant, et tu pourras te montrer les jours de première avec une plume neuve à ta barrette...

Non? Tu ne veux pas?... Tu prétends rester libre à ta guise jusqu'au bout... Eh bien, écoute un peu l'histoire de la chèvre de M. Séguin. Tu verras ce que l'on gagne à vouloir vivre libre."

Lo que le da al cuento de la cabrita que, por tanto querer su libertad, fue comida por el lobo, un significado alegórico de la situación en la sociedad, como lo expresa, sin dejar ya lugar a duda, la conclusión, en forma, como a menudo en el libro, de moraleja, del cuento:

"*Adieu, Gringoire!*

l'histoire que tu as entendue n'est pas un conte de mon invention. Si jamais tu viens en Provence, nos ménagers te parleront souvent de la cabro de moussu Séguin, que se battégue tonto la neui erré lou loup, e piei lou matin lou loup la mangé.

Tu m'entends bien, Gringoire.

e piei lou matin lou loup la mangé."

Pero la relación entre Daudet y Darío en el génesis de "*El Pájaro Azul*" es el soneto "*L'Oiseau bleu*" del poemario *Les Amoureuses* (1858), en el que Daudet confunde la figura del ave (a similitud de Oscar Wilde en "*El ruiseñor y la rosa*") con la de una enamorada caníbal, así como de una inspiración o musa imperante, enamorada-musa-inspiración que, al final, vence matándole, al poeta, conforme la ideología romántica estudiada por José-Luis Diaz, y que analizamos en nuestro trabajo, ya referenciado, sobre "*Edvard Munch*":

"*J'ai dans mon cœur un oiseau bleu,*
Une charmante créature,
Si mignonne que sa ceinture
N'a pas l'épaisseur d'un cheveu.

Il lui faut du sang pour pâture
Bien longtemps, je me fis un jeu
De lui donner sa nourriture:
Les petits oiseaux mangent peu.

Mais, sans en rien laisser paraître,
Dans mon cœur il a fait, le traître,
Un trou large comme la main.

Et son bec fin comme une lame,
En continuant son chemin,
M'est entré jusqu'au fond de l'âme!..."

Los textos de Daudet y Darío muestran cómo, lo que Diaz (*L'Écrivain imaginaire. Scénographies auctoriales à l'époque romantique* (Paris, Honoré Champion, 2007, 2a parte) considera como propio del primer romanticismo: el tema del poeta moribundo, se traslada y perdura hasta en el tardío siglo XIX.

Por otra parte, notaremos que Daudet favorece, con "*L'Arlésienne*", pieza de teatro en 3 actos musicalizada por Bizet (1872), cuyo original proviene del cuento epónimo de las mimas *Lettres de mon moulin*, el tema del(a) novio(a) engañado(a) y abandonado(a) a la narrativa nacional, mediante la famosa pieza de teatro *La novia de Tola* (1939) de Alberto Ordoñez Argüello.

IV - *PROSAS PROFANAS*: LA ALEGORIA DE LA POESIA Y LA IDENTIDAD CULTURAL EN DARIO

En su *Introducción al estudio de Azul...*(1988), Coloma González nos dice que *"Ayuda a comprender mejor las obras darianas, estudiar como están organizadas, es decir, ver como están dispuestas las composiciones que las integran, que orden siguen"* [183].

Atendiendo a esto vemos que *Prosas Profanas* tiene una organización clara. La versión de 1897 esta dividida en seis secciones, más unas *"Palabras liminares"*.

La primera comprende dieciocho poemas:

El primero se pregunta donde encontrar a la musa que rie. El segundo la busca en las cuatro partes del mundo.

"Sonatina" cuenta la historia de una blanca princesa triste, la musa, triste porque ignora las maravillas del sur.

"Blason" ubica la poesía y el arte en general bajo la forma del *"cisne de nieve"* en Europa. Mientras *"Del Campo"* evoca los viajes de Darío, al tiempo que el poeta a la manera de Bécquer afirma: *"Yo soy la poesía.../ Yo soy el postrer gaucho* [184] *que parte para siempre,/ de nuestra vieja patria llevando el corazón"*.

En *"Alaba los ojos negros de Julia"*, como en los poemas siguientes, se opone entonces el mundo blanco del norte a la *"luz meridional"*, negra, autóctona, fuente de inspiración del poeta.

En *"Bouquet"* [185] y *"El Faisán"* (significativamente *"escrito en París"* según Darío, es decir entre junio y julio de 1893, aún que publicado sólo en 1895), Rubén explica como él logró la musa blanca haciéndola suya espiritual y físicamente.

De aquí que *"Garçonnière"* muestra como el poeta se convirtió en el centro de atención de Europa, especialmente de los círculos de artistas y poetas por él mismo superados.

---

[183] Coloma, p.23.
[184] Térmimo que Pablo Groussac utilizó en 1896 para definir el arte de Darío, cit. *in ibid.*, pp. 80-81.
[185] *... ejercicio sobre el blanco* (dedicado y titulado *"A Blanca"* Gómez Palacios en su publicación original en la Revista *Buenos Aires*) *nacido de la simpatía evocativa de Gautier"*, v. Darío-Zulueta, p. 42.

Cerrando el ciclo "*Ite, Missa Est*" sugiere desde el título esta superación plena del blanco por el negro, del norte por el sur, de la musa por el poeta, de Europa por América.

Con la segunda sección, "*El Coloquio de los Centauros*", se remata la progresión a contrapelo de los poemas de la primera parte. A nivel estructural y funcional, cada poema a partir de "*Para una cubana*" va haciendo referencia al que le precede como si se tratara de su continuación en vez de abordar un tema nuevo. De esta manera queda en evidencia el retorno a lo original y lo indígena.

La secuencia progresiva de la primera parte, epónima del poemario, se nos revela como la matriz de las demás partes que integran la obra.

En la tercera sección titulada "*Varia*" encontramos en el primer poema: "*El poeta pregunta por Stella*" la afirmación de la superioridad de la musa del poeta sobre la musa blanca, musa del poeta por quien pregunta, al igual que en los primeros poemas de *Prosas Profanas* trata de ubicar el país de los cisnes.

"*La Página Blanca*" y "*Año Nuevo*" revelan el advenimiento del poeta identificado con un rey mago y con Cristo [186].

"*Epitalamio Bárbaro*" que concluye "*Varia*" es una ubicación de la verdadera poesía, en el tiempo y en el espacio, del mítico país de los centauros, es decir de la edad de oro.

La cuarta sección; "*Verlaine*", además de ser un homenaje a la muerte del poeta francés conlleva la afirmación del mismo proceso de superación. La desaparición de Verlaine se trueca en símbolo de la muerte del arte de la vieja Europa y del advenimiento consecutivo de Darío como poeta de América.

La quinta sección; "*Recreaciones arqueológicas*" es la ubicación del mundo poético en el país de los centauros donde Quirón, personaje principal del "*Coloquio*", y según la mitología educador de Asclepio y compañero de Jasón en la búsqueda del vellocino de oro, se convierte en "*Palimpsesto*" en "*raptor de Europa*" en lugar del toro Zeus de la leyenda clásica. Es decir que Darío, cuyo símbolo es Quirón,

---

[186]Según una simbología que Darío reutilizará en "*Responso*", haciéndose así "*eco*" de la "*leyenda del Verlaine católico*", *ibid.*, p. 38.

aventajó a Europa en su arte, como lo ha dado a entender en "*Garçonnière*" y lo afirmará en el "*Prefacio*" de *Cantos de vida y esperanza y otros poemas*.

Las secciones adjuntadas en la edición de 1901 retoman las mismas dialéctica y progresión que las procedentes partes [187].

En "*Dezires, Layes y Canciones*" se identifica, como en *Azul...*, el amor con el arte y trata nuevamente de la superación tanto espiritual como física, de la musa blanca, personificada en una gata, por el poeta negro, o sea el poeta de América.

La última sección: "*Las ánforas de Epicuro*" es una serie de himnos de Darío a sí mismo, primero al poeta, después a su musa (poemas del 2 al 5) y finalmente a sus viajes que le permitieron encontrar a la musa autóctona.

Así el poeta se reconoce en el Jasón de "*La hoja de oro*" y en el Ulises de "*Marina*".

Como pudimos apreciar, uno de los motivos más destacados en donde se expresa esta superación de lo ajeno por lo propio es la oposición entre el blanco y el negro o rojo.

Según el principio de inversión típico del arte del siglo XIX, el color negro hace referencia al hemisferio sur, el de la "*luz negra*" y "*meridional*", como lo llama Darío en "*Alaba los ojos negros de Julia*", mientras el rojo alude al color de piel tradicionalmente atribuido a los pueblos indígenas de América, a "*las rojas plumas*" del "*indio plumaje*" como lo poetizó Martí [188].

Otro motivo importante, que se anuncia desde el primer poema, es el del país incógnito, así definido en *Prosas Profanas* y caracterizado como un país ignorado y lejano; un país que por estar alejado, es a menudo considerado isla: "*isla de oro*" o "*isla de la vida*" en "*Marina*"; un país de mar evidentemente; pero también un país de sol, más exactamente de alba, auroral; un país de exquisitas riquezas; un país de ensueños y "*halagüeño*": "*país Fantasía*" y de los cisnes; país que finalmente aparece como el de los centauros, como la Colquida de Jasón o la patría perdida de Ulises.

---

[187] Al contrario de la opinión común y de lo que pretende Zulueta, *ibid.*, p.39, no hay una nueva dialéctica en las secciones de la edición de 1901.

[188] Cit. *in* Alberto Pérez Solís, *Modernismo hispanoamericano*, Managua, Distribuidora Cultural, 1993, pp.51 ss.

58

Con todos estos elementos que definen el país en cuestión el poeta compone una alegoria de la mítica América, paraíso terrenal, utopía e isla de Esperanza [189].

Esta noción de Esperanza asociada al país incógnito es recurrente en *Prosas Profanas*, como la referencia a Salomón o al rey de Oriente, evocadora de la concepción tradicional de América como isla salomónica [190].

Tanto la definición del país incógnito como su asociación al Oriente cabe plenamente en lo que Roig llama "*el discurso civilizatorio*" a propósito de la literatura argentina del siglo XIX [191].

Evidentemente influenciado por la corriente orientalista que enfrenta a Europa con el Oriente primitivo y salvaje, cuna de la humanidad y de los más antiguos mitos, en "*Los Cisnes*" Darío escribe: "*La América Española como la España entera / fija está en el Oriente de su fatal destino*".

La contraposición permanente en *Prosas Profanas* entre la reina de Sabá y el rey Salomón manifiesta la dicotomía civilización-barbarie.

Sin embargo, el hecho de identificar América con el Oriente, además de la referencia implícita al mito de Quetzalcóatl, se explica, por un lado, por el juego de inversión, como dijimos, típico del siglo XIX y por otro lado por la antítesis entre América, futuro y alba de la humanidad, y la vieja Europa que ya llegó a su poniente. Así en "*Salutación del optimista*" Darío habla de "*la espléndida luz que vendrá del Oriente,/ Oriente Augusto en donde todo lo cambia y renueva/ la eternidad de Dios, la actividad infinita*".

El contraste entre el modelo europeo y América es revelador del discurso civilizatorio en la medida que supone en *Prosas Profanas* la síntesis de Darío como sátiro (dios original del bosque) [192] y la musa blanca de Apolo, es decir entre "*carne*

---

[189] Fernando Ainsa, *Historia, utopía y ficción de la Ciudad de los Cesares*, Madrid, Alianza, 1992, pp.82-83.
[190] *Ibid.*, p.88.
[191] Arturo Andrés Roig, *Rostro y Filosofía de América Latina*, Mendoza, EDIUNC, 1993, Ia parte "*Entre la civilización y la barbarie*", pp. 23-91.
[192] No obstante el caracter cristico de Pan, "*Dios-aparecido*", luminoso y mesianico (es decir guía), en el frontiscipio del libro de *Los Raros*, lo que revela el "*marco gnóstico de* (la) *doctrina poética*" de Darío, v. Darío-Zulueta, op.cit., p.36 y nota 44 pp. 36-37.

y alma", "*numen barbaro*" y "*resplandor latino*", como dice Darío en "*Palabras de la satiresa*" y "*A los poetas risueños*".

La constatación de lo expuesto nos coloca ante una reflexión más importante para la comprensión de *Prosas Profanas*.

En *Prosas Profanas* como antes lo hizo en *Azul...*, Darío maneja permanentemente el sincretismo entre las artes, universo artístico superado por él mismo con particular énfasis a la identificación entre los órganos de la voz y los instrumentos de música, poniendo en evidencia, especialmente en la primera parte, la evolución que va de la risa y del grito hasta el lenguaje, que adquiere mayor expresión en el diálogo de tipo platónico y hermético del "*Coloquio*".

En otras palabras, en *Prosas Profanas* nos aparece muy claramente la división agustiniana entre "*armonía*", encarnada por la voz humana, "*orgánica*" por los instrumentos de viento, y "*rítmica*" por los instrumentos de cuerda y de percusión[193].

Esta división es clásica de las alegorías de la Poesía, cuya más famosas son: *El concierto campestre* de Giorgione, los *Tarocchi* de Mantegna, y el fresco del muro de la entrada de la biblioteca de Pico de la Mirandola[194].

Entonces, la utilización también frecuente en *Prosas Profanas* del símbolo de la fuente, que en el poema epónimo de la última parte se identifica explícitamente a Dario como inspiración y modelo para los jóvenes poetas, termina de confirmarnos que la obra se debe entender como una alegoría de la poesía, en cuanto a que la fuente de la inspiración está justamente con los instrumentos de música y el canto el otro elemento clásico de las alegorías de la Poesía ya citadas[195].

Nunca es más claro en Darío que en "*Triste, muy tristemente...*"

Esta fuente que para Darío resulta ser Verlaine en "*Responso*" ("*el chorro de agua de Verlaine*" como dice en el "*Soneto autumnal*" de *Cantos de vida y esperanza y otros*

---

[193]Robert Klein, *La forme et l`intelligible*, París, Gallimard, 1970, p. 198.
[194]*Ibid.*, pp. 197 ss.
[195]*Ibid.*

poemas)[196], para sus discípulos es el mismo en "*La Fuente*". Triunfante sobre sus modelos Darío afirma en las "*Palabras liminares*" de *Prosas Profanas*: "*mi literatura es mía en mí*".

Tal afirmación de un ser propio se refiere directamente a la de Martí, cuando él escribe que la poesía existe "*en sí*"[197], es decir en él mismo, o sea en su sangre como lo aclara en "*Mis versos*", introducción a *Versos libres*[198] (¿1882?).

De hecho la sangre es uno de los motivos más destacados de la poesía modernista para simbolizar al sentido trágico y prometeíco de América Latina.

Igualmente al decir "*Hombre soy*", Darío se inspira también del discurso continental de Martí[199].

Cuando Martí escribe que la poesía existe "*en sí*" es la afirmación impersonal y por consecuencia colectiva de un valor universal, que efectivamente hace eco a la preocupación de Darío al criticar en el "*Prefacio*" de *Cantos de vida y esperanza y otros poemas* las normas poéticas impuestas desde Europa, como a su pensamiento de las "*Palabras Liminares*" de *Prosas Profanas* y de "*La Fuente*", donde el artista como ente individual y maestro alecciona a sus discípulos.

Así, si consideramos una vez más la secuencia y la temática de *Prosas Profanas*, es evidente que el poemario es una alegoría de la Poesía, que esta búsqueda individual supone un porvenir colectivo en la medida en que Darío, una vez encontrada su musa (la "*Hoja de oro*" del poeta Jasón), se vuelve profeta y luz crítica en "*Palabras Liminares*", "*La página blanca*", "*Año nuevo*" y "*La Fuente*", como Verlaine lo fue para él en "*Responso*".

Prosas Profanas, además de estar estructurada en una progresión de tipo cíclico que implica el retorno a las raíces índigenas, se estructura también al nivel funcional a partir del conjunto de las nociones de superación y filiación que se entremezclan y soportan mutuamente.

---

[196]Darío, *Poesía*, p. 290.
[197]Cit. *in* Pérez Solís, p. 40.
[198]José Martí. *Poesía completa*, Madrid, Alianza, 1995, pp. 87-88.
[199]Cit. *in* Pérez Solís, p. 36.

Si el "*discurso civilizatorio*" conlleva la superación del modelo europeo, lo que a su vez erige Darío como arquetipo para los jóvenes poetas, el discurso latinoamericanista que se desarrolla concurrentemente opone la superación del modelo europeo por Darío a la reutilización servil de su arte por sus discipulos, reutilización que él critica desde el "*Prólogo*".

El caracter meramente mesiánico del poeta en *Prosas Profanas*, además de dar cuenta de una moda del siglo XIX (tema del artista-Prometeo), confirma entonces la calidad individual de la conciencia patriótica[200], cuyos ejemplos más famosos son la obra de Dostoievsky, y en Nicaragua *El soldado desconocido* de Salomón de la Selva.

Lo que nos lleva a deternos más atentamente en la poesía de Darío en su globalidad. Vemos entonces que sus temas y motivos tienen una fuerte recurrencia (las cuatro partes del mundo, la princesa triste,...).

En esta perspectiva, resulta todavía más interesante analizar los poemarios (es decir dejar a parte los poemas no integrados en el conjunto).

Pues desde el primero, *Epistolas y Poemas*, reproducen siempre un mismo esquema en el cual la alegoría de la Poesía sustenta el discurso latinoamericanista[201], o sea que, según una posición aristotélica, el poeta-mesias abre a su pueblo las puertas de la liberación. Es por eso que en Darío (*Epistolas y Poemas*) y en Verlaine (*Poèmes saturniens*), el vate aparece como el alter ego del sacerdote -o del mismo Dios-, y del guerrero cuyos paradigmas son para Darío Bolivar y San Martín.

Ahora bien, es cierto que el discurso latinoamericano no toma vigencia en los cuentos de Darío antes de 1892-93[202], lo que parece comprobado por los poemarios, si exceptuamos a *Epistolas y Poemas*. Sería entonces tentador explicar el porque la no -actualidad referente a los cambios historicos y políticos del fin del siglo pasado, tanto en Nicaragua como en América Latina[203], y podemos decir en

---

[200]V. Yuri Guirin, "*Bajo el signo de la cultura*", *América Latina*, 1988, n°.10, pp.50-61.

[131]V. Darío, *Poesía, Antología poética*, León, Hospicio San Juan de Dios, 1967, y *Obras completas*, Madrid, Afrodisio Acuado S.A., 1950-1953, 5t.

[202]Aunque aparezca de manera esporádica desde 1889. Análisis basada en la lectura de Darío, *Cuentos completos*, Managua, Nueva Nicaragua, 1990.

[203]V. en particular las luchas contra los Estados Unidos y la dificil aparición de un discurso nacional, *Taller de*

el mundo entero[204].

Sin embargo acabamos de demostrar la existencia de una problemática realmente continental en *Prosas Profanas*[205].

No es necesario buscar más allá que en la edición en 5 volúmenes de las *Obras completas*[206], aún sabiendo que está incompleta, para constatar que los *Retratos*, como la *Emelina* (1887) y numerosos poemas de los años 1885-1890 llevan en sí, además de una temática semejante a la de trabajos más acabados (comparar por ejemplo "*La copla de "Garcin"*" con "*El Pájaro Azul*"), una fuerte orientación política liberal[207] y continental.

Así la referencia a *Otelo* en *Rimas* nos hace recordar "*La cabeza del Rawí*" o "*Alí*". "*En el Sur*" confirma la posibilidad de una interpretación hispanoamericana de la oposición entre la paloma y el gavillán en "*Anagké*".

Sabemos además que varios poemas de *Rimas* oponen la espiritualidad de América Latina al mercantilismo de los Estados Unidos (todavía estigmatizado en *Emelina* y en su contraparte poetica contemporánea "*Aviso del porvenir*"), lo que permite también orientar políticamente, y a la luz del analisis que hace Coloma[208] de la situación económica de Chile de la epoca, la interpretación de la crítica del oro en *Azul*....

Historia, Managua, UCA, julio de 1994, n°6 "*Nación y Etnia: ¿Identidad natural o creación cultural?*", Ia parte "Identidad nacional", pp. 9-55.

[204]V. por ej. la cuestión de la tardiva adquisición de una identidad nacional en el caso de la unidad italiana o del despacho de Ems.

[205]Lo que confirman las interpretaciones de Groussac, Darío en *La Nación* del 27-11-96, y José Enrique Rodó (1899 - esta última reconocida desde las primeras líneas del capítulo sobre *Prosas Profanas* en *Historia de mis libros* como la más completa y valiosa que pueda existir. Si el texto de Rodó retoma la referencia a Utatlán y Palenke de las "*Palabras liminares*", así que los símbolos del Arquero y de la fuente, o la oposición entre "*invierno*" y "*juventud*" -lo que comprueba, aunque indirectamente, nuestro análisis de la superación del norte por el sur-, las tres interpretaciones (de Groussac, Rodó y del mismo Darío) afirman que *Prosas Profanas* representa el logro de un arte americano "virgen", o sea la adquisición de un lenguaje propio. V. también Darío-Zulueta, pp. 50-52.

[206]Darío, *Obras completas*.

[207]Reconocida por el mismo Coloma González, y que viene probablemente de lo que Darío fue educado en León, ciudad liberal opuesta a Granada la conservadora, v. por ej. Humberto Belli, "*Un ensayo de interpretación sobre las luchas políticas nicaragüenses*", *Historia y Violencia en Nicaragua*, Managua, UPOLI e UNESCO, 1997, pp. 153-175.

[208]Coloma González, pp.39-52.

Finalmente nadie puede negar al *Canto épico a las Glorias de Chile* (1887) su caracter evidentemente latinoamericanista (al igual que *Epistolas y Poemas*).

Aún más, siendo inspirado en las obras de sus maestros (Hugo Baudelaire, Verlaine) como autodefinición de los artistas del siglo XIX modelos de la humanidad prometeica (Shelley, Balzac, Wilde, Leroux, Meyrink, Manet, Courbet - estos dos últimos en cuanto a la aparición de la alegoría del Arte en sus pinturas -, etc), la recurrencia del tema de la alegoría de la Poesía en Darío[209] tiene claramente valor en el marco del modernismo latinoamericano que, reconociendo el género tragico de su ser colectivo, lo expresa a través de la búsqueda y de la afirmación de un discurso continental endógeno.

Al igual que Martí y más generalmente los modernistas, Darío en su arte da la pauta desde una concepción que propone a Europa como modelo de civilización (Hegel, Alberdi, Sarmiento) hasta la reinvindicación de lo propio, que a su vez va de la crítica modernista (aún todavía prohispanica) del modelo ya superado a su simple negación y rechazo a partir de la vanguardia en adelante.

De aquí que podemos sostener que *Prosas Profanas* es representativa de la unidad semántica de la obra de Darío, y que por consiguiente la podemos definir como Ofelia Schutte (1993) caracteriza las obras de Martí, Zea y Roig:

"...nos parece que la idea de "nuestra América" propuesta por el poeta y revolucionario cubano José Martí es un caso ejemplar de la conciencia del tipo "para nosotros".../... Es una vuelta de la conciencia que niega aquellos valores que niegan "nuestro" valor. La separación del sujeto conciente de su medio ambiente a través de una vuelta crítica de la conciencia constituye una "doble negación" (dialéctica) mediante la cual la enajenación original puede ser superada, en un proceso siempre abierto al devenir y Roig añadirá a los ideales utópicos"[210].

---

[209]No estamos diciendo aquí que, por ser poeta, Darío habla de poesía haciendola, lo que a un cierto nivel hace cualquier autor, sino que sus libros llevan un cuestionamiento explícito sobre el estatus del arte, y más preciso, como en los otros escritores citados, sobre el estatus del arte en la sociedad. Hablo entonces aquí de la secuencia de los poemas.
[210]Roig, pp. 17-18.

V - BAUDELAIRE Y EL INDIGENISMO EN *PROSAS PROFANAS*

Anteriores interpretaciones nuestras sobre *Prosas Profanas* y "*La perspectiva política en Azul...*" nos llevarón a plantear la cuestión del latinoamericanismo en las obras de Darío antes de *Cantos de vida y esperanza y otros poemas*.

Reanudando ahora el hilo de esta problemática, podemos decir con la seguridad que nos permiten tener *a posteriori* dichas investigaciones que los estudios darianos padecierón de la habitual descontextualización que hasta en la literatura comparada grangrena a nuestras ciencias. La consecuencia directa de tal diacronismo combinada con la común insistencia en el genio de los artistas individuales fue como siempre la circunstanialización y aislamiento del fenómeno de su realidad vital. Así pues nos parece oportuno volver a abrir el informe considerando esta vez que si bien la circunstancialidad es de donde partemos en nuestra "*pretensión a la universalidad*" no es ella sino su carácter de comprensión idiosincrática dentro de la sociedad cultural de una época la que nos permite objetivizarla científicamente.

El caso más obvio de ello es la polisemía implicada por los puntos suspensivos en el título de *Azul...* Ya en "*La perspectiva política en Azul...*" hemos discutido larga y detenidamente el origen y significado de este título. Sin embargo nos gustaría apuntar aquí como suplemento a lo dicho en nuestro trabajo anterior y a manera de introdución al presente que si se acepta la idea de un contenido latinoamericanista en *Azul...*, evidenciado por la figura recurrente del Sátiro, deviene obvio entonces que devuelviéndonos a la dialéctica prometeica propia del siglo XIX el concepto polisémico referido en la palabra "*Azul*" del título del poemario de Darío denota, y más se arraiga en una tradición hispanoamericana e hispano-nicaragüense en particular: pues tanto nos remite a la pupila azul de la Poesía becqueriana como, en cuanto símbolo del cielo y de lo divino, a los días del hilo azul que en *El Güegüence*, según la acertada interpretación de Arellano en su edición de la obra, representan cierta Edad de Oro.

También los temas fundamentales de *Prosas Profanas* se pueden considerar como una reinterpretación latinoamericanista de los temas de *Las Flores del Mal*. Ya en *Azul...* los albums de "*En Chile*" tienen una progresión y temática similares a las de la división del poema "*Un fantasma*" en *Las Flores del Mal*. Igualmente en esta misma perspectiva "*El Ideal*" se inspira en el famoso poema "*A une pasante*", como también se inspirará del poema de Baudelaire Carlos Martínez Rivas en "*Mundo*" (*La Insurrección solitaria*).

No es casual si en *Prosas Profanas* el poema "*Para una cubana*" ocupa más o menos en Darío el mismo lugar que "*A une dame créole*" en Baudelaire (la obra de Baudelaire tiene más poemas que *Prosas Profanas*, lo que impide hacer una equivalencia exacta), y como éste es un himno a la belleza mestiza de América y una invitación "*au vrai pays de gloire*"(aun cuando los dos poemas no lo ubican exactamente en el mismo país).

Igualmente "*Lesbos*" opone "*la mâle Sapho*" a la "*belle Vénus*", "*L'oeil d'azur* (étant) *vaincu par l'oeil noir*" de la reina de la isla griega que insultó "*le rite et le culte inventé*". Tanto en Baudelaire como en Darío el universo del poeta se sitúa en un lejano país, que los dos oponen al mundo real (impuesto) cantando, Darío en "*Alaba los ojos negros de Julia*" y Baudelaire en "*Lesbos*", la belleza exótica.

En "*Palimpsesto*", supuesto original medieval según el epígrafe, Darío nos cuenta la historia del "*raptor de Europa*" (¿Quirón?). Si comparamos ahora la temática de este poema con la de "*Le palimpseste*" (primer poema en prosa de la octava sección, titulada "*Vision d'Oxford*", de *Los Paraísos artificiales* de 1851, "*Palimpsesto*" siendo el segundo de la quinta sección de *Prosas Profanas*), vemos de nuevo que Baudelaire aclara a Darío por así decirlo de manera retroactiva.

Hablando de la superposición de las épocas históricas simbolizadas respectivamente por "*une tragédie grecque, une légende monacale et une histoire de chevalerie*" (secuencia que en efecto se puede apreciar entre "*Friso*", "*Palimpsesto*" y "*Cosas del Cid*"), Baudelaire encuentra en est "*palimpseste divin créé par Dieu, qui est notre incommensurable mémoire*" una lógica interna que, gracias al poeta que nos la da a entender, impide el olvido y favorece el recuerdo de las cosas más antiguas [211] :

"*Oui, lecteur, innombrables sont les poëmes de joie ou de chagrin qui se sont gravés successivement sur le palimpseste de votre cerveau, et comme les feuilles des forêts vierges, comme les neiges indissolubles de l'Himalaya, comme la lumière qui tombe sur la lumière, leurs couches incessantes se sont accumulées et se sont, chacune à son tour, recouvertes d'oubli. Mais à l'heure de la mort, ou bien dans la fièvre, ou par les recherches de l'opium, tous ces poëmes peuvent reprendre de la vie et de la force. Ils ne sont pas morts, ils dorment. On croit que la tragédie grecque a été chassée et remplacée par la légende du moine, la légende du moine par le roman de chevalerie; mais cela n'est pas vrai. A mesure que l'être humain avance dans la vie, le roman qui, jeune homme, l'éblouissait, la légende fabuleuse qui, enfant, le séduisait, se fanent et*

---

[211]Charles Baudelaire, *Les Paradis artificiels*, París, Le Livre de Poche, 1972, pp. 214-217.

s'obscurcissent d'eux-mêmes. Mais les profondes tragédies de l'enfance, - bras d'enfants arrachés à tout jamais du cou de leurs mères, lèvres d'enfants séparées à jamais des baisers de leurs soeurs,- vivent toujours cachées, sous les autres légendes du palimpseste. La passion et la maladie n'ont pas de chimie assez puissante pour brûler ces immortelles empreintes"[212].

En el caso de Darío, de quien veremos como reutiliza en *Prosas Profanas* el mito indígeno de Quetzalcóatl, ello trasladado al ámbito latinoamericano significa que la Conquista no logró que se olvidará la tradición autóctona, sino que le dió más vigor todavía, obligándola a convertirse en una verdadera cultura de resistencia. Es lo que de alguna manera subraya la evocación en "*Palimpsesto*" del "*raptor de Europa*". En *Prosas Profanas* es el poeta-Quirón, representante y paradigma de lo americano. En la mitología clásica es el mismo Zeus, quien convertido en toro cruzó el mar llevándose a Europa, al igual que Darío-Quetzalcóatl hacia el mar del Este en busca de su Tulla, o Baudelaire evocando los viajes del alma poética hacia la Loire de "*A une dame créole*" y hacia la Lesbos del poema epónimo. De ahí la importancia del tema del viaje en *Prosas Profanas*, y de los viajes del poeta-Ulises-Jasón en "*Las ánforas de Epicuro*".

A semejanza de Baudelaire quien encuentra sus "*paraísos artificiales*" en el opio y las maravillas del Oriente - "*le trésor de* (ses) *urnes*" de "*Rêve parisien*" - (que sea propiamente dicho en *Los Paraísos artificiales* o también en *Las Flores del Mal*), Darío encuentra el suyo en los tesoros de la reina de Saba, evocados fielmente a la *Biblia* (*III Reyes*, 10), en particular en "*La Página blanca*". Esta visión mítica del Oriente adquiere más fuerza ya que en la tradición mesoamericana también "*está... relacionado con... la riqueza y la fortuna*"[213].

Más significativo que el orientalismo o el cosmopolitismo de Darío, dos actitudes típicas de la época, es para nosotros el poema "*La Fuente*" de "*Las ánforas de Epicuro*" en el que el poeta se define como lo hace Baudelaire en el poema "*La Fontaine de sang*" de *Las Flores del Mal*. Así en "*Sonnet d'Automne*", cuyo título y temática se encuentran de manera repetida en Darío a partir de *Azul...* (directamente en referencia a Baudelaire en la medida que como en el francés donde "*Sonnet d'Automne*" precede a "*Chanson d'après midi*", en algunos poemarios Darío asocia simbólicamente las horas del día a las estaciones del año), el poeta

---

[212] *Ibid.*, pp. 216-217.

[213] V. Yolotl González Torres, *Diccionario de mitología y religión de Mesoamérica*, México, Larousse, 1991, art. "*Este*", p. 72.

de lo carnal, el artista, ser "*de l'antique animal*" se opone a los "*yeux clairs comme le cristal*" del "*soleil automnal,/* (de)... *ma si blanche, ô ma si froide Marguerite*".

Implícitamente definido por antinomía como un negro Fausto, el poeta-Prometeo es también el Ícaro de "*Les Plaintes d'Icare*" o de "*L'Albatros*" "*roi... de l'azur*" con su "*aile qui se casse*". Es el representante de la "*Race de Caïn*" que "*au ciel monte,/ Et sur la terre jette Dieu*" en "*Abel et Caïn*", conforme más tarde Darío definirá la raza americana.

Es más precisamente todavía el cisne de "*Le cygne*", poema dedicado a Hugo, que habiendo perdido su divinidad joviana y "*évadé de sa cage*" "*Vers le ciel quelquefois, comme l'homme d'Ovide,/ Vers le ciel ironique et cruellement bleu,/ Sur son cou convulsif tend... sa tête avide,/ Comme s'il adressait des reproches à Dieu*" pensando "*à la négresse, amaigrie et phtisique,/ Piétinant dans la boue, et cherchant, l'oeil hagard,/ Les cocotiers absents de la superbe Afrique/ Derrière la muraille immense du brouillard;/ A quiconque a perdu ce qui ne se retrouve/ Jamais, jamais! .../... Aux captifs, aux vaincus! ... à bien d'autres encore*"[214].

Refiriéndose implícitamente a este poema (como Sully Prudhomme en "*Le Cygne*" y Mallarmé en "*Le vierge, le vivace...*", poema también conocido como "*Le sonnet du cygne*"), Darío en las múltiplas evocaciones del cisne (en algunos poemas claramente identificado con el cisne de Leda) en *Prosas Profanas* evoca trágicamente como en *Azul...* el "*ciel ironique et cruellement bleu*" de la poesía de Hugo. De hecho contrariamente a lo que plantea Pedro Salinas[215], si bien el azul sigue siendo símbolo del arte para Mallarmé y los "*décadents*", como el cisne se vuelve también símbolo del Eden perdido.

El dios que Darío pretende superar y "*sur la terre jet(er)*" es "*La Beauté*" que, amarga según Rimbaud, en el poema epónimo de *Las Flores del Mal* "*trône dans l'azur comme un sphynx incompris,/ . . . unis*(sant) *un coeur de neige à la blancheur des cygnes;/* (qui) *hai*(t) *le mouvement qui déplace les lignes,/ Et jamais... ne pleure et jamais... ne ri*(t)" ("*La Página blanca*", "*La Dea*", "*El Reino interior*",...).

Es el "*troupeau gazouillant de beautés d'hôpital*" del poema siguiente titulado "*L'idéal*", en el que el poeta no logra "*trouver parmi ces pâles roses/ Une fleur qui*

---

[214]*Les Fleurs du Mal*, pp. 211-213.

[215]Pedro Salinas, *La poesía de Rubén Darío*, Barcelona, Seix Barral, 1975, p. 99.

ressemble à (son) *rouge idéal*". Es finalmente, entonces, "*La terreur du mystère* ("*sphynx incompris*" de "*La Beauté*")" que sufre el hombre en "*Le Couvercle*". Hasta la novela popular podrá exclarmar: "*la Beauté! c'est... la divinité!*" [216].

Baudelaire buscando según confiesa en las "*Notas*" de *Las Flores del Mal* [217] la métrica perfecta en la poesía (comparar también con "*Yo persigo una forma...*", último poema de la versión de 1901 de *Prosas Profanas*), como Darío, opone en "*L'idéal*" lo carnal, lo rojo, a la sosería del rosado, haciendo como Darío también de la Musa o belleza una figura bifronte, "*ange inviolé*", esfinge y caroña (veáse por ejemplo "*Hymne à la Beauté*" y los poemas XX a XXVII del poemario), según se trata de una poesía propia o ajena. La importancia simbólica de "*L'idéal*" para Darío se evidencia por el hecho de que el último texto de "*En Chile*" de *Azul...* lleva ese mismo título.

Lo anterior aclara el por qué en los proyectos de "*Prefacio*{s}" de Baudelaire [218] como en los de Darío para *Prosas Profanas* y *Cantos de vida y esperanza y otros poemas* se critica a la ignorancia que "*va croissant*" y a las imitaciones. Más generalmente en Darío como en Baudelaire se oponen la muchedumbre (el arte de Gavarni con "*son troupeau gazouillant de beautés d'hôpi tal*") al individualismo poético, oposición que en el carnaval del mundo ("*la fête de la Vie*" de "*Danse Macabre*", tema romántico frecuente tanto en Poe como en "*Le Masque*", "*Une gravure fantastique*", o *Prosas Profanas*) pasa por la lucha del hombre-cisne contra la esfinge del misterio azul y el divino que atormenta.

Ello y la oposición entre el rojo y el rosado sustentan en *Prosas Profanas* el discurso continental, a través de la reiterada evocación de la superación del arte europeo (la esfinge del azul, el Dios blanco) por el poeta de América (el carnal Pan, símbolo explícito de "*La Muse Malade*", "*La Muse Vénale*", opuesto en Baudelaire a "*Phoebus*", y más lógicamente en *Prosas Profanas* a Apolo). Así a "*Les Sept Vieillards*" ("*quadrupède(s) infirme(s) ou... juif(s) à trois pattes*"), Darío opondrá los siete Pecados, símbolos de la América prometeica (comparar "*El Reino Interior*" y "*La Fuente*"), y encontrará como Baudelaire en "*A une Malabraise*" los "*vieux airs inconnus*", lejos de "*notre France*", en la metamorfosis del "*viejo clavicordio Pompadour*" en la "negritud" de una poesía americana propia, aunque por cierto

---

[216] Gaston Leroux, *Aventures incroyables*, París, Robert Laffont, 1992, p. 816.

[217] *Les Fleurs du Mal*, p. 308.

[218] *Ibid.*, p. 313.

por medio de una genealogía que ya encontramos en *"Les Phares"*, poema que lógicamente inicia *Las Flores del Mal.*

No es en *"La vie antérieure"*, reino del pasado, sino en *"El Reino interior"*, el de lo propio, que Darío encontrará la musicalidad buscada. Llegará entonces el advenimiento del poeta de América, Sagitario con su *"carquois"* tirando *"javelots"* (*"La Mort des Aristes"*) en el renuevo boreal de *"Janvier"* de *"La Muse Vénale"*. Quetzalcóatl y Cristo resucitado, Darío será *"un soleil nouveau"* (*"La Mort des Aristes"*), oponiéndose así también al arte moribundo y fúnebre de Europa. Lo que es evidente si comparamos los motivos de *"Año Nuevo"* y su lugar en la secuencia de *Prosas Profanas* con los ya citados de *"La Muse Vénale"* y *"La Mort des Aristes"* .

La poesía de Verlaine aparece entonces como vínculo entre las de Baudelaire y Darlo, como la de Baudelaire lo era con la de Hugo. En muchos aspectos el *"Prólogo"* de los *Poemas saturninos* desarrolla una temática similar al extracto citado de *"Palimpsesté"* acerca de la antigua importancia de los poetas, problemática que también tiene eco en *"El rey burgués"* y *"El sátiro sordo"*. Los motivos de la máscara (es decir del carnaval), del cisne y del *"orgue de Barbarie"* se encuentran en *"Nocturne parisien"*, el cisne relacionándose aquí como en Baudelaire con el río, y el órgano con la música venusiana como en *Prosas Profanas*. También el último poema de *Poemas saturninos* identifica como *Las Flores del Mal* *"L'OEuvre*, (avec)... *un soleil* ("*qui se lève*")*!"*, y como *Prosas Profanas* habla del *"bloc vierge du Beau, Paros immaculé"* de la Venus de Milo, símbolo mismo del Arte para Verlaine, que Darío se queja de no poder alcanzar en el último poema de la versión de 1901 de *Prosas Profanas* (evidenciando así la presencia de un *"discurso civilizatorio"* en el poemario).

En *Fêtes galantes* encontramos de nuevo el símbolo del cisne (*"A Clymène"*), y el último poema titulado *"Colloque sentimental"* prefigura al menos en su título el *"Coloquio de los Centauros"*, último poema de la primera parte (o mejor dicho único poema de la segunda sección) en *Prosas Profanas*. Sin embargo la preocupación cosmológica del *"Coloquio de los Centauros"* ya es perceptible en *"Colloque sentimental"*, bajo una forma idéntica: la del diálogo. En *Poemas saturninos* como en *Fêtes galantes* el azul es símbolo del arte poético. Es explícito desde el *"Prologue"*, primer poema de *Poemas saturninos*, donde Verlaine dice del *"poète, l'Amour du Beau, voilà sa foi,/ l'Azur son étendard, et l'Idéal, sa loi!"* Este azul es justamente el que *"a fui, vaincu, vers le ciel noir"* en *"Colloque sentimental"*. Se notará también en el *"Prologue"* de *Poemas saturninos* la referencia al final de la segunda estrofa a Carlomagno *"l'Empereur a la barbe fleurie"*, la que conlleva una evocación del poeta dios y guerrero civilizador como "*el reinado de Hugo,/ emperador de la barba florida*" en los últimos dos versos de "*Pórtico*", poema que sigue casi directamente el "*Coloquio de los Centauros*" en *Prosas Profanas*.

En el mismo "*Prologue*" la citación de "*La voix qui rit ou pleure alors qu'on pleure ou rit*", que se encontrara de nuevo en *Cantos de vida y esperanza y otros poemas* ("*Canción de otoño en primavera*"), es una referencia evidente a "*La Beauté*" de *Las Flores del Mal*[219].

Así relato de una perdida, y por consiguiente de una búsqueda, la del "*Ideal*", los poemarios de Verlaine permiten entender el valor continental de esta misma búsqueda en *Prosas Profanas* por medio de la referencia implícita de Darío a la obra de su maestro, como permite también de alguna manera destacar el "*discurso civilizatorio*" que supone una dicotomía entre barbarie e civilización, dicotomía cuyos motivos se aclaran a su vez en referencia como vimos a Baudelaire; dicotomía entre lo que Verlaine en el "*Prologue*" de *Poemas saturninos* llama "*Le pacte primitif par les siècles usés*" cuando "*L'Action... autrefois réglait le chant des lyres*" y que el poeta era rey (y no el rey burgués como Darío nos da a entender en el primer texto de *Azul...*), la época actual en la que el poeta ya no tiene poder ni importancia.

Al nivel del discurso latinoamericano esta búsqueda de un retorno al "*pacte primitif*", que se expresa a través la figura de Pan y la referencia permanente a la antigüedad en *Prosas Profanas*, servirá de base a la oposición entre lo indígeno, lo autóctono, y lo ajeno, lo impuesto, entre lo verdadero: las raíces propias, y lo falso: lo importado, oposición entre el Sur y el Norte que implícitamente nos remite a un mito querido de Darío, el del dios Quetzalcóatl, según una modalidad que nos toca ahora aclarar.

"*Sonatina*" nos ofrece una alegoría del alma poética ("*La princesa triste*") que "*pálida*" como la Muerte de "*La Página blanca*", espera la venida del poeta Mesías combatiente de Oriente. Por consiguiente la "*Pobrecita princesa de los ojos azules*" tiene que ser superada como "*La Página blanca*" o las Virtudes del "*Reino Interior*"

---

[219]De hecho, como vimos, para Baudelaire ella "*trône dans l'azur comme un sphynx incompris,/ . . . unis*(sant) *un coeur de neige à la blancheur des cygnes;/* (qui) *hai*(t) *le mouvement qui déplace les lignes,/ Et jamais... ne pleure et jamais... ne ri*(t)". Ahora bien, el último verso que acabamos de citar no puede menos que evocarnos su célebre y conmovedora reutilización por Darío en "*Canción de otoño en primavera*" (cuya temática está en relación dialéctica con la de "*Lo Fatal*" con el que concluye *Cantos de vida y esperanza Los Cisnes y otros poemas*, poemario de 1905 que contiene a los dos poemas): "*Cuando quiero llorar, no lloro.../ y a veces lloro sin querer...*"

71

por el poeta-rey de Oriente. La princesa, "*pálida*" y "*de los ojos azules*", no es sino el símbolo del alma poética encerrada en la difunta forma clásica del arte del Norte. Todo ella, su fisionomía como su ser femenino, la predeterminan a ser liberada por el viril y bárbaro rey negro, que en "*Divagación*" canta por su "*reina de Saba*" y en "*Pórtico*" es "*rey del país de Fantasía*" y "*abre a la musa las puertas de Oriente*", musa que a su vez inspirada "*en las moriscas exóticas zambras*" aparece como una perfecta Venus medieval, "*en un bloque hiperboreo, / enfrente de un triunfo de Baco*".

Tal concepción de Oriente refiere implícitamente al mito civilizador más destacado, más importante de Mesoamérica, el de Quetzalcóatl. Así la simbología de los colores negro y rojo y su oposición al blanco en la poesía modernista continental adquiere su plena significación en *Prosas Profanas*. Si comparamos la evocaciín del "*día.../... {en que) Cenis sera Ceneo*" del "*Coloquio de los Centauros*" con el fol. 4 de las famosas *Anales de Cuauhtitlán* nos percatamos de que son formas semejantes de invocar la divinidad dual primordial "*Señora de nuestra carne* (la femenina Omecíhuatl), *Señor de nuestra carne* (el masculino Omecuhtli), / *aquella que viste de negro, aquel que viste de rojo*", divinidad dual que según nos in:forma Georges Baudot "*anima y sostiene el proceso creador de la "Toltecayotl" forjada por Quetzalcóatl. Es el anhelo de llegar más a1lá de la muerte, más allá del caos de este mundo, al mundo de la luz, "tonatich iixco": "hacia delante del rostro del Sol"* , *en la dirección del Oriente, llegar al "Tlillan Tlapallan": "la tierra de la tinta negra y de la tinta roja", es decir, la religión de la escritura y del saber, el paraíso de la sabiduría. Idea1 civilizador que es motriz de la sociedad postclásica.../...* (a la cual se oponen) *los hechiceros venidos del Norte.../...* (que provocan) *la faz nocturna de la gran divinidad dual "Ometeotl", símbolo de noche, norte y color negro, "Tezcatlipoca": "el de espejo que ahuma", gran rival y doble de Quetzalcóatl en el duelo cósmico*"[220] .

Los hechiceros obligan "*Quetzalcóatl a irse de "Tlillan Tlapallan": "la tierra de la tinta negra y roja", tierra de sabiduría y de escritura,* (subir) *al Tlatlayan: "lugar de la quema"...* (y desaparecer) *en el mar luminoso del Este...* (pero) *antes de su desaparición profetizó que volvería y asumiría de nuevo el poder y gobierno de la ciudad. El "Códice de Cuauhtitlán" así lo canta.../... "Decían los viejos que se convirtiá en la estrella que al alba sale; así como dicen que apareció, cuando murió Quetzalcóatl, a quien por eso nombraban el Señor del alba ("Tlahuizcalpantecuhtli")..."*[221] .

---

[220]*Mito y ritual en América*, Madrid y México, Alhambra, 1988, pp. 49-51.

[221]*Ibid.*, pp 52-53.

Vemos así que el carácter cíclico de América-Edad de Oro y utopía, asociada con el alba, en *Prosas Profanas* tiene origen en el mito de Quetzalcóatl, dios civilizador que, engañado por los norteños hechiceros, prometió volver y se convirtió en el Señor del Alba, es decir en el planeta Venus, estrella de la mañana[222], muy a menudo citado en el poemario, aunque por cierto en relación con la belleza artística a la cual preside la diosa según los artistas modernos, desde los de la Escuela de Praga hasta los del siglo XIX.

La simbología crística, recurrente en el poemario, del dios estacionario no pasa desapercibida en el *Códice* donde se dice que después de emborracharse hizo construir una caja de piedra en la que se encerró para recuperarse. De este *"cofre.../... se levantó al cuarto día"*[223]. Es porque *"Siguió vinculado estrechamente con la región de la luz, con el Oriente, y también con el Poniente, país del descenso y de la muerte oscura"*[224]. Así se explica también la doble oposición en *Prosas Profanas* entre Norte y Sur y entre Este y Oeste, cuyo carácter mesiánico es acentuado por su presencia en la *Biblia* en la oposición entre los *"reyes del Mediodía"* y los *"reyes del Norte"* (*Daniel*, 5-45).

De manera similar la pantera, parangón del poeta - en cuanto *"dios... de la fecundidad, de las fuerzas vitales"* de la tierra[225], volviéndose símbolo de lo autóctono y oponiéndose a lo extranjero, se relaciona también al nivel simbólico con *"la deidad serpiente-pájaro del agua"*[226]. Además *"el paso a la Mar del Sur, en pos de la ruta a la Tierra de..., Especierías,... pasaje que habría de facilitar la navegación al Oriente"* es fuertemente arraigado en la mente colectiva nicaragüense[227].

A manera de conclusión nos gustaría notar lo siguiente: la recurrencia en *Prosas Profanas* de la figura del dios civilizador Baco se puede entender por referencia implícita a la de Quetzalcóatl. Sin embargo el *"discurso civilizatorio"* presente en el poemario no deja de implicar aunque valorada según el principio de inversión

---

[222]V. Gonzaléz Torres, art. "*Este*", p. 71.

[223]Baudot, p. 52.

[224]*Ibid.*, p. 54.

[225]V. Coloma González.

[226]Baudot, p. 54.

[227]V. Nicasio Urbina, "*El mito del canal interoceánico en "Tragame Tierra" de Lizandro Chavez Alfaro*" , *Decenio*, n° 1, dic.-enero 1996-1997, p. 15.

romántico la identificación de Pan (no obstante su participación al igual que los sátiros en la comitiva báquica) con el poeta y la carne, mientras que como podemos apreciar en los últimos poemas de "*Las ánforas de Epicuro*" Europa se identifica con el alma.

Ahora bien tal constatación simple debe ser revisada a la luz del presente trabajo. Así se podrá valorar correctamente esperamos la obra de Darío en toda su complejidad dialéctica como unos de los pasos del discurso latinoamericano hacia la afirmación de sí. No es casual si al afirmar en las "*Palabras Liminares*" de *Prosas Profanas* "*mi literatura es mía en mí*" Darío se inspira en el poema de Mart:í "*La poesía es sagrada...*". Así el "*discurso civilizatorio*" se inversa en el poemario, notablemente por medio de la identificación entre América y el Oriente, para:íso terrenal del dios Tlaloc[228] (lo que nos devuelve a la reflexión del inicio sobre los días del hilo azul....), el Oriente (la raza de Quetzalcóatl) siendo él en este caso el civilizador.

Así se invierte también, en "*Sonatina*" por ejemplo, la oposición bíblica entre el rey Salomón y la reina de Saba, depositaria aquí de toda la sabiduría de Oriente, desconocida pero al mismo tiempo añorada por la princesa blanca.

---

[228]Gonzaléz Torres, art. "*Tlaloc*", p. 174.

VI - "*MI POESÍA ES MÍA EN MÍ*"

Recordamos en *Estudios darianos*[229] que cuando, "*Triunfante sobre sus modelos* Darío afirma en las "*Palabras liminares*" de *Prosas Profanas* (PP, 1896 y 1901)*: "mi literatura es mía en mí*". *Tal afirmación de un ser propio se refiere directamente a la de Martí, cuando el escribe que la poesía existe "en sí", es decir en él mismo, o sea en su sangre como lo aclara en "Mis versos", introducción a Versos libres (¿1882?)*". También similar a la afirmación dariana es el primer poema: "*Dentro de Ti está el Secreto*" del poemario *Plenitud* (1918) del modernista mexicano Amado Nervo (amigo de Darío, al cual ofreció un crucifijo que Darío conservó hasta su muerte, fue comprado por el gobierno de Nicaragua en 1988 y se encuentra desde entonces conservado en la Casa-Museo Rubén Darío de León): "*Busca dentro de ti la solución de todos los problemas.../.../ Y acertarás constantemente, pues que dentro de ti llevas la luz misteriosa de todos los secretos*". Otros motivos darianos aparecen en *Plenitud*: la mujer que conoce el Misterio y secreto de Dios (III), el Signo (V), la Esfinge (IX, XIV, XV), los Enigmas (XIV), la Fe (XVIII), que tendrá eco en otro poemario de Nervo: *El estanque de los lotos* (*EL*, 1919 - como *El arquero divino* -, parte "*Los Lotos*"), con el poema "*Spes*" (XXIII), similar al de Darío en *Cantos de Vida y Esperanza*. Poemario en el que Nervo toca los temas de *Cantos de Vida y Esperanza* del Ser (XVII, XXV), la Diosa (XXVI), figura femenina de la Vida y la Muerte como en Darío, la vejez (X) y el horror de existir (XXII, XXV). Los dos poemarios citados de Nervo, al igual que la obra de Darío, en particular *Cantos de Vida y Esperanza*, tienen valor mesiánico, así en *Plenitud* el poema VIII, y el epígrafe a la manera de Martí: "*Esta es mi riqueza:/ toda para ti*" (San Pablo, *1 Tesal.*, 5-16). Las citas de Emerson o Schopenhauer (XVI), la genealogía francófila (XVI), morisca (el Sultán) y franciscana (XIII) de los modelos (entre los cuales la Caridad: XIII) revelan unidad temática con Darío. Igual en *EL* el calificativo: "*rockfellerescos*" (XXIV), que recuerda "*Oda a Roosevelt*", las alusiones a Fausto, el Verbo (XI), el nauta (XII), los hindúes nirvana y Brahma (XI, XIII y XIV), el ensueño (XVI) y el sueño de Hamlet, símbolo vivencial (XVII), la parte "*La Conquista*" y la figura continentalista hispánica de Colón (XXVIII, "*Los Lotos*"). En *Místicas* (1898, como *Perlas Negras*), Nervo cita a Némesis, Felipe II, Kempis y Verlaine. En *EL* a Helena, y utiliza un principio (parte "*La Conquista*") de presentación ("*Al lector*") similar a Darío, con tema de humildad de los primeros versos de *Los versos sencillos* de Martí. Nervo termina el poemario a la manera dariana con el mesiánico "*Cristo futuro*", conforme la ideología mestiza, católica e hispánica de la literatura de

---

[229]*Estudios darianos*, Bès Editions, 2003, p. 40.

finales del s. XIX. Al final de *EL* (partes "*El Panorama*"/"*La Catástrofe*"), Nervo[230] utiliza figuras darianas dialécticas entre sí por una parte del poeta niño, el lucero y la tripartición Trabajo-Amor-Paz, por otra de la guerra y Moloch, dios del comercio y el diario (tema de Mallarmé trabajado por Darío en *Epístolas y Poemas*) recordando el diario sin sorpresa del final de *Plenitud*. "*Fatalidad*" (*EL*, parte "*Los Lotos*") es la versión positiva de "*Lo Fatal*". En Nervo (finales de *Perlas Negras* y *EL*) como en Darío la guerra es el momento histórico para emprender un mesianismo de raza. En el prólogo a la edición Porrúa[231], Ernesto Mejía Sánchez cita la recurrencia del motivo de lo azul en Nervo y los modernistas hispanoamericanos. La filiación entre modernismo y mística poética de Alfonso Cortés se ve en los poemas XX ("*La vida móvil*"), XXVII, L o LX de *Plenitud*.

La reflexión de Nervo sobre la poesía se da en poemas como "*Mi Verso*" de *Los Jardines Interiores* (título de mística alfonsina o borgesiana), donde la añoranza de las "*formas que mi numen a soñado*", "*radiante, dúctil, poliforme y bello*", recuerda a "*la forma que no encuentra mi estilo*" de la segunda versión (1901) de *PP*, y "*Mío*" de *EL* (XLI, parte "*Los Lotos*"), donde "*la creación perpetua*" de "*los anchos universos*" "*cual río*", llevando el poeta a afirmar: "*¿Nada es mío? Mentira: todo es mío,/ pues que mío eres tú*", recuerda la definición de la poesía, que "*eres tú*", de Bécquer. De ahí que, siguiendo directamente "*Mío*" (Darío tiene en *PP* un poema titulado "*Mía*", seguido directamente por otro: "*Dice Mía*", y la versión de 1901 del poemario termina con "*Alma mía*", reflexión vivencial romanticista: Hegel, Fichte, Schlegel, v. Walter Benjamin, *Der Begriff der Kunstkritik in der deutschen Romantik*, sobre el Arte como trascendencia de la Vida y reunión con Dios), después del poema "*Jesús*", secuencia que revela, como en Darío el mesianismo del modernismo en Nervo, "*Los Manantiales*" (XLIII) describen la importancia de las fuentes clásicas: "*LOS LIBROS ESENCIALES*" (las mayúsculas son de Nervo) como "*eternos manantiales*". Es el recurrente chorro de la fuente de la última parte de *PP* (1901), burlada por Pablo Antonio Cuadra en los primeros poemas de *Canciones de Pájaro y Señora*.

Mejía Sánchez[232] escribe: "*En 1891, Gutiérrez Nájera escandalizaría, sin duda, al bando académico cuando salió en defensa de Tablada, de esta manera: "Siento alegría al ver en El Universal versos de José Juan Tablada, pensados en francés, casi escritos en francés, algo neuróticos, pero siempre bellos y reveladores de un gran talento artístico. El propio Tablada recordó, muchos años después, en sus memorias, ciertos diálogos con "El Duque Job", en que éste aparece diciéndole: "Lees mucho a los franceses ¿verdad?... Haces bien; su ejemplo es muy*

---

[230]Amado Nervo, México, *Plenitud ; Perlas negras ; Místicas ; Los jardines interiores ; El estanque de los lotos*, Porrúa, 1985, pp. 197-199.
[231]*Ibid.*, p. XIII.
[232]*Ibid.*

76

saludable para nosotros; para animarnos a romper viejos moldes. Pero no descuides a los clásicos griegos y latinos, ni a los españoles. Debemos individualizarnos, pero dentro de nuestra tradición literaria'". Por lo que se puede reintegrar la afirmación romanticista del Yo de Martí, Darío y Nervo, con revaloración de lo precolombino como Grecia continental en los dos primeros y PP, dentro de la línea de Andrés Bello en su famoso "*Modo de escribir la historia*" (*El Araucano*, Santiago de Chile, 1848), donde plantea la necesidad, antes de asumir el análisis histórico, de reseñar los hechos históricos, y, por eso, hacer uso de fuentes directas, no indirectas, con el lema "*Bebed en las fuentes*": "*Es una especie de fatalidad la que subyuga las naciones que empiezan a las que las han precedido. Grecia avasalló a Roma; Grecia y Roma a los pueblos modernos de Europa, cuando en ésta se restauraron las letras; y nosotros somos ahora arrastrados más allá de lo justo por la influencia de la Europa, a quien, al mismo tiempo que nos aprovechamos de sus luces, debiéramos imitar en la independencia del pensamiento.../ Es preciso además no dar demasiado valor a nomenclaturas filosóficas; generalizaciones que dicen poco o nada por sí mismas al que no ha contemplado la naturaleza viviente en las pinturas de la historia, y, si ser puede, en los historiadores primitivos y originales. No hablamos aquí de nuestra historia solamente, sino de todas.¡Jóvenes chilenos! aprended a juzgar por vosotros mismos; aspirad a la independencia del pensamiento. Bebed en las fuentes; a lo menos en los raudales más cercanos a ellas. El lenguaje mismo de los historiadores originales, sus ideas, hasta sus preocupaciones y sus leyendas fabulosas, son una parte de la historia, y no la menos instructiva y verídica. ¿Queréis, por ejemplo, saber qué cosa fue el descubrimiento y conquista de América? Leed el diario de Colón, las cartas de Pedro de Valdivia, las de Hernán Cortés. Bernal Díaz os dirá mucho más que Solís y que Robertson. Interrogad a cada civilización en sus obras; pedid a cada historiador sus garantías. Esa es la primera filosofía que debemos aprender de la Europa.*"

VII - EL "*COLOQUIO DE LOS CENTAUROS*": HACIA UNA FILOSOFIA DE LA CIENCIA

"Es una lástima, porque la incomunicación con los caballos ha retrasado a la humanidad, (...) Si alguna vez la rompiéramos podríamos fabricar al centauro".

Gabriel García Márquez[233]

Leyendo el *"Coloquio de los Centauros"* nos encontramos con esta sugerente reflexión del centauro Quirón: "*La ciencia es flor del tiempo: mi padre fue Saturno*". La redondez de la frase nos coloca de hecho en el punto de partida de nuestro trabajo: todo texto tiene sentido en sí mismo y el conjunto de sus unidades mínimas que Barthes llama "*lexis*", las cuales podemos identificar con los sintagmas nominales, nos permite desentrañarlo[234].

Si con las "*lexis*" se logra una interpretación cabal es porque conllevan símbolos que acusan la mentalidad colectiva. Este campo de inmanencia constituye el fundamento del mitoanálisis, método que fue el corazón del curso de Historia del Arte que recientemente impartimos en la Universidad Nacional Autónoma de Nicaragua (UNAN-Managua, segundo semestre de 1996). Ahora bien, la perspectiva inmanentista de la que hablamos implica tener una actitud comparatista. De hecho el valor intrínseco de un texto se destaca sólo como expresión idiosincrática del discurso general.

Así, la frase que nos ocupa: "*La ciencia es flor del tiempo: mi padre fue Saturno*" requiere una interpretación que vaya en escala descendente de su significado mitológico a su significación dentro del propio texto, pasando por su significación en la época y en la obra del autor.

La realidad de la repuesta de Quirón a Reto "*mi padre fue Saturno*" está sacada de la mitología griega según la cual Quirón a excepción de los demás centauros, que son hijos de Ixión y de la Nube, es hijo de Cronos y de la ninfa Filira, o, según otros autores de la Oceánida a la que el dios se acercó en forma de caballo[235]. Como sabemos desde la antigüedad Saturno fue confundido con

---

[233]Gabriel García Márquez, *Del amor y otros demonios*, Santa Fe de Bogotá, Norma, 1994, p. 40.

[234]Véase Roland Barthes, *OEuvres complètes*, Paris, Seuil, 1994-1996, 3 t., y Barbe, *Roland Barthes et la théorie esthétique*, Villeneuve d'Ascq (Francia), Presses Universitaires du Septentrion, 1997.

[235]Véase por ejemplo Méautis, p. 158.

Cronos, divinidad del tiempo[236].

En cuanto a que "*La ciencia es flor del tiempo*" es notable la referencia al tiempo como revelador. De acuerdo con Panofsky esta expresión sería una interpretación artística de la verdad rescatada por el tiempo, inspirada en la frase "*veritas filia temporis*"[237]. El verso: "*La ciencia es flor del tiempo: mi padre fue Saturno*" adquiere unidad para nosotros desde el momento en que, Como dijimos antes, Saturno es confundido con el dios Tiempo. Además Saturno ha sido considerado tradicionalmente padre mítico de los artistas, tal como lo demuestran Klibansky, Panofsky y Saxl en: *Saturno y la Melancolía*. Así, dice Reto de Quirón: "... *Eres la fuente sana de la verdad que busca la triste raza humana...*". Esta fuente, en "*Responso*" es Verlaine y en el segundo poema de "*las Anforas de Epicuro*" - parte que concluye la edición de 1901 - es el mismo Darío.

No obstante la idenfiticación entre Quirón y Darío se nos vuelve más evidente en "*Palimpsesto*" donde el centauro es el "*raptor de Europa/... orgullo*(so) *de su conquista*".

Más generalmente, la identificación entre el ser poético y Saturno nos la reafirma expresamente Darío en "*Luz de Luna*", uno de sus últimos cuentos escrito hacia 1914, todavía en referencia a Verlaine: "*Y recordé que el poeta de los "Poemas saturninos" encuentra el origen de ciertas amargas existencias en el astro extraño, Saturno*"[238].

La relación tejida entre Quirón y Darío y entre la ciencia y la genealogía del centauro nos sitúa ante la pregunta ¿Qué signiticación tiene la ciencia en el parlamento? Develamos una similitud entre el centauro y el poeta; el primero fue educador de Aquiles, Asclepio y Jasón[239], mientras Darío en *Prosas Profanas* se nos revela como "*modelo*". A este papel de "*Padre y Maestro excelso*" se refiere Reto en el parlamento que precede al de Quirón. Más evidente todavía se hace la identidad entre el centauro y el poeta en su búsqueda por apropiarse de la ciencia en "*La cartujá*", poema de *Canto a la Argentina y otros poemas* (1914) donde Darío pide: "*Sentir la unción de la divina mano,/ ver florecer de eterna luz mi anhelo,/ y oir como un*

---

[236] Véase por ejemplo Erwin Panofsky, *Estudios sobre iconología*, Madrid, Alianza, 1985, pp. 97-99.

[237] *Ibid.*, p. 107; y Salinas, p. 148.

[238] Darío, *Cuentos Completos*, p. 318.

[239] Méautis, p. 158.

Pitágoras cristiano/ la música teológica del cielo./ Y al fauno que hay en mi, darle la ciencia,/ que al Angel hace estremecer las alas"[240].

De hecho todo el "*Coloquio de los Centauros*" encierra una reflexión sobre el conocimiento. Nosotros, conducidos por el hilo de Ariadna, vamos a tratar de desentrañar la serie de motivos enmarañados en el texto, hilvanándolos a la armazón lógica del Misterio que se esconde en el laberinto del universo mítico dariano.

En el preludio del "*Coloquio*" se describe a pinceladas un paisaje insular que por sus matices nos evoca la mítica tierra americana. Hay una intencionalidad en el poeta al eligir tal espacio como habitat de los centauros, siendo que las aguas, segun la *Mitologia Griega* de Müller[241], son el medio predilecto de las deidades equinas[242]. Así, los tritones que aparecen en el preludio del "*Coloquio*", en otro poema Darío los llama "*Sileno oceánico*"[243]. Creemos que la asociación entre sirenas, tritones, centauros y agua, puede ser una metáfora que las figuras correspondientes de la mitología mesoamericana[244].

Esta isla de oro llena de los ruidos de la naturaleza nos evoca un bullicioso caos original. Entonces de entre el galope del tropel equipo aparece Quirón para imponer con su palabra el silencio y el orden de las cosas. Nombrándolas se define genealógicamente a sí mismo con ecos bíblicos: "*He aquí que renacen los laureles milenarios/.../ Y anímase en mi cuerpo de Centauro inmortal/ la sangre del celeste caballo paternal*". Es por eso que Reto sigue hablando de la vida del centauro, criador de Aquiles y herido por Herácles. A lo que Quirón responde enigmáticamente: "*La ciencia es flor del tiempo: mi padre fue Saturno*".

Cuando Quirón expone su ascendencia divina como hijo de Saturno, a diferencia de los otros centauros que son hijos de Ixión y de la Nube, Reto exalta su vida de maestro. Como en "*Responso*" un halo crístico envuelve la esencia del centauro que se afirma como Camino, Verdad y Vida[245].

---

[240]Veáse Darío, *Obras Completas*, t. V, p. 1120.

[241]Darío había subrayado el párrafo en el texto, v. Salinas, p. 195.

[242]*Ibid.*

[243]*Ibid.*, pp. 216ss.

[244]Veáse González Torres, art. "*Chacs-Chaacs*", "*Chicchán*" y "*Pauahtun*", pp. 56-58, 61-62 y 136-137.

[245]V. "*Canto de Vida y Esperanza*":

Movido por la esencia divina del maestro y a tono con él, hace su entrada Abantes saludando con himnos toda la grandeza vertida en la naturaleza. Encontramos aquí una progresión ascendente desde el valor normativo de la palabra hasta el canto que revela el misterio bajo la forma sensible de las cosas (tanto que según los cristianos el que canta ora dos veces). Este valor superior atribuido al canto se relaciona con el carácter religioso del poeta destacado por Quirón en los mitos clásicos. Con gestos litúrgicos Quirón acepta los himnos y precisa el valor del misterio que se expresa en las cosas señalando al vate y al sacerdote como los elegidos para revelarlo a sus congéneres. Se siente aquí como en otras partes del poemario un aliento que llega directo del "*Prólogo*" de los *Poemas saturninos*. En el último verso del parlamento, el Numen se patentiza en su doble dualidad, que por una parte conjuga espíritu y materia, y es a la vez maniqueista.

Así, Folo que, al igual que Quirón, posee la sabiduría[246] diserta con cabalística equidad sobre la naturaleza dual de los centauros. Cabe notar entonces la perfección de su interpretación que dedica ocho versos al carácter divino del centauro y nueve a su carácter bestial, y cuatro más para concluir. Esta perfección encuentra su contraparte en el verso hexadecasílabo de Quirón, dividido a su vez en dos hemistiquios de secuencia inversa: en el primero se afirma la naturaleza bestial y en el segundo la naturaleza humana de los centauros.

De aquí que, signado por Quirón, Orneo cree comprender el "*secreto de la bestia*" recurriendo a la visión maniqueista del maestro quien puntualizando dice que "*la torcaz benigna, (y) el cuervo protervol son* (solamente) *formas del enigma*". Como Quirón al inicio del poema, Astilo realiza un intento audaz de aproximación al enigma al sostener que siendo el motivo de inspiración del poeta sólo a él está dado revelarlo.

Recordemos que en el simbolismo es el espacio interior el que conduce al

---

"*Vida, luz y verdad, tal triple llama*
produce la interior llama infinita.
El Arte puro como Cristo exclama:
"Ego sum lux et veritas et vita!"".
[246]Salinas, p. 194; y Méautis, pp. 157-158.

Ideal, también llamado "*puro concepto y... eterno símbolo*"[247]. Es el poeta el que viste la idea de forma sensible.

Neso, cambiando el rumbo, nos plantea el problema gnoseológico desde la perspectiva agustiniana al hacer referencia a su pasión por Deyanira, mujer de Herácles[248]. Guarda esta visión maniqueista del mundo. Dejando aflorar su lado bestial nos dice que las cosas terrenales, en este caso el amor, nos apartan del mundo celestial. Este parlamento es un eje en la composición del texto, porque aludiendo nuevamente a Herácles se recrea el mito del destino humano a merced de los dioses[249], e introduciendo historias de violaciones cometidas por divinidades relacionadas con el agua se estructura el peldaño que nos permite el acceso a la segunda parte del texto. No obstante, la sensualidad carnal de Neso no excluye el plano espiritual vinculado a la feminidad, lo que lleva a Quirón a hablar del nacimiento de Venus, gracias a la sangre de Saturno, dándole así continuidad celestial al relato de la genealogía terrenal iniciado por Folo.

Eurito, en abierta oposición a Neso y al abrigo del Maestro, resalta la belleza de la mujer personificada en Hipodamia, que hasta en su nombre está relacionada con los caballos.

Las tres últimas intervenciones nos colocan frente a una doble problemática: la escatológica apoyada en el hecho de que el mito de Deyanira encierra los motivos de la sangre de la Hidra de Lerna y de la quemadura de Herácles, dios civilizador. La carnal en cuanto que la figura de Deyanira representativa del amor sexual se opone a la figura de Venus, diosa de la belleza y del arte[250]. Esta última cuestión registra la influencia que ejerció Schopenhauer en el pensamiento simbolista.

Así Hipea y Odites debaten: el primero, en un lenguaje que nos recuerda a Baudelaire y basándose en la aventura trágica de Neso, identifica a la mujer con

---

[247]*Encyclopaedia Universalis*, París, ed. de 1985, t. 17, p. 503.

[248]Méautis, pp. 168-169.

[249]En este caso semihumanos, buenos o malos, herridos por un semidios, representante de su némesis. La lectura de Georges Dumézil, *El destino del guerrero*, 1969, trad. Madrid, Siglo XXI, 1971, 1990, pp. 123-125ss., nos confirma la estrecha relación entre Herácles, los centauros y ciertos personajes mitológicos citados por Darío en el "Coloquio".

[250]En cuanto a Venus diosa del Arte, v. Barbe, "*Prosas Profanas: la alegoría de la Poesía y la identidad cultural en Darío*".

el mal y la muerte, y el segundo la identifica con el bien. La recurrencia del motivo de la miel en las intervenciones de Odites y Quirón deja suponer que como en Vasari[251] y en el *Descubrimiento de la Lujuria* de Bronzino nos encontramos frente a la relación tradicional entre inocencia y sexo en la cual son los instintos bestiales del género humano los que prevalecen[252].

En respuesta al problema Quirón acude al mito platónico del andrógino primordial encarnado aquí por Cenis[253]. La idea de que es el poeta-oráculo el que tiene la clave del misterio original es retomada por Clito. Aquí como en "*Caín*"[254] la cuestión de la sabiduría conlleva en sí el mito del pecado original. Se aclara así la referencia anterior a la torcaz y al cuervo, las dos figuras mensajeras del Arca de Noé, expresando el problema del origen desde un punto de vista maniqueísta propio del pensamiento judeo-cristiano, que se evidencia al comparar dicha referencia con "*Anagké*" y la oposición entre rapaz y paloma que encontramos también en *Candido* de Voltaire y *Taras Bulba* de Gogol, por ejemplo.

Posiblemente inspirado en el primer poema de *La leyenda de los siglos* de Hugo, el "*Coloquio*" reproduce la estructura del fragmento de Parménides. En el "*Coloquio de los Centauros*", después de una cosmología-cosmogonía, Folo da cuenta de una genealogía antropológica, y Quirón remata con una demonología.

Caumantes interviene después de Clito y con palabra semejantes nos habla de la armonia que existe entre el monstruo y "*la mecánica celeste*" diciéndonos: "*cuando tiende al hombre la gran naturaleza,/ el monstruo siendo el símbolo se viste de belleza*".

Con Crineo retornamos a la problemática inicial del "*Coloquio*": "*Yo amo lo inanimado que amó el divino Hesiodo*" exclama, y Quirón le responde: "*Sobre el mundo tiene un ánima todo*". Por eso Crineo dice haber encontrado un alma hasta en las piedras. A las últimas palabras de Crineo: "*amo el granito duro que el arquitecto labra/*

---

[251]Conocido por Darío, v. Porfirio García Romano, "*Darío y Leonardo: 'La sonrisa de Mona Lisa'*", Managua, *El Nuevo Diario*, Sec. "*Nuevo Amanecer Cultural*", sábado 8 de febrero de 1997, p. 6.

[252]Panofsky, pp. 108ss. y nota 64.

[253]Notaremos que hay probablemente en el "*Coloquio*" una asociación implícita entre la figura dual de Cenis y Filomela, símbolo tradicional de poeta, v. Salinas, pp. 186ss., ya que a Filomela le corresponde en la mitología, aun que sin ninguna relación directa salvo esta homonimia, un cierto Filomelo, hermano de Pluto, v. Homero Lezama, *Diccionario de Mitología*, Buenos Aires, Claridad, 1988, p. 146, y así tal vez implícitamente en relación con la percepción prometeico del hombre en el poema.

[254]*Cuentos Completos*, p. 298.

y el mármol en que duermen la línea y la palabra", responde Quirón: "*A Deucalión y a Pirra, varones y mujeres/ las piedras aun intactas dijeron: "¿Qué nos quieres?"*". Esta idea es la misma que aparece en "*Carta del país azul*" donde Darío escribe "*el escultor es un poeta que hace un poema de una roca*"[255].

Respondiendo a su vez a Crineo, Licidas oye el "*funebre respiro*" de los bosques identificado con el grito de Atis y la canción de Filomela, lo que también nos vuelve a la idea inicial del "*Coloquio*" de que todo tiene un alma. Asimismo, en Ovidio, después del diluvio todos los seres vivos incluso los hombres vuelven a surgir gracias a los "*huesos*" de la Tierra Madre, las piedras[256]. Schopenhauer también entabla esta conexión entre lo "*inanimado*" y lo animado[257].

Lo inorgánico como cosa existe pero no se puede definir a sí mismo. Sólo la conciencia es la que permite objetivizar el mundo (conforme las tesis de Berkeley). La matemática no alcanza a diferenciar lo inorgánico de lo orgánico. Sólo la Filosofía es "*dianoiológica*". Para lograr la objetivización es necesario alejarse de las cosas, esto es, ser objeto y sujeto al mismo tiempo. El arte es por ello la superación de la voluntad[258]. Esta concepción de Schopenhauer culmina en su pensamiento estético que aparece notablemente en *El mundo como voluntad y como representación* (1819) con su estudio de *Laoconte*. "*... la piedra, en su inmortalidad total, en su ausencia de sentido, desesperadamente muda, se presenta al espíritu como medida y testimonio de todos los instantes que éste podría vivir*". Schopenhauer muestra la importancia del pensamiento aristotélico en la formación de lo que los escolásticos han denominado "*quiddidad*"[259]. Atendiendo a la jerarquización hegeliana clásica, apunta que la arquitectura es la más baja de todas las artes. Por ser de piedra "*La arquitectura no tiene otra finalidad que la de manifestar la acallada y potente lucha de los elementos: es la antinomia "entre la resistencia y la gravedad"*"[260]. En *Laoconte* se expresa también el grito imposible de las piedras. Es así que Schopenhauer habla de: "*Un grito, representado en la piedra o sobre la tela, un grito mudo*

---

[255] *Ibíd.*, p. 138.

[256] Ovidio, *Las Metamorfosis*, Barcelona, Planeta, 1990, pp. 19-20.

[257] Lo que se puede también relacionar con el mito mixteco del origen, que cuenta una batalla contra las piedras en la que se organizó lo inanimado y lo animado, v. González Torres, art. "*Arboles*", p. 14.

[258] Alexis Philonenko, *Schopenhauer - Una filosofía de la tragedia*, Barcelona, Anthropos, 1989, pp. 130-156.

[259] *Ibíd.*, p. 132.

[260] *Ibíd.*, pp. 196-199.

84

de algún modo, sería mucho más ridículo que esta música pintada de la que se trata en los "Propíleos" de Goethe" [261].

Licidas como Schopenhauer puede escuchar esta voz trágica de las cosas cuyos sufrimientos tienen su causa en el pecado original [262]. De ahí la inclusión de Deucalión, hijo de Prometeo, y de Pirra su esposa, hija de Epimeteo (a su vez hermano de Prometeo [263]) y Pandora. Retomando las palabras baudelairianas [264] de Hipea, Arneo concluye sobre Licidas diciendo "*La muerte es de la vida la inseparable hermana*", y Quirón responde: "*La Muerte es la victoria de la progenie humana*".

Medón precisa acerca de la Muerte, identificándola con la casta Diana y con el olvido. Aquí como en varios cuentos de Darío [265], encontramos la ligazón entre el tema cognoscitivo y el de la muerte, los que, en algunos casos como en el "*Coloquio*", se unen al "*imperio de la mujer*" [266]. Vemos todavía aquí la influencia del pensamiento de Schopenhauer cuando se opone la castidad a la voluntad de vivir, castidad o abstinencia que según la creencia hindú lleva al hombre a la "*dulce paz que vierte*" buscada por los dioses como dice Amico.

A eso Quirón añade: "*La pena de los dioses es no alcanzar la Muerte*". Eurito, llevado como anteriormente Abantes por lo que dice Quirón, declara que Prometeo tiene la clave de la muerte porque pudo robar la vida. Quirón, que habiendo renunciado a su vida para salvar a Prometeo y evitar el sufrimiento causado por la herida que le hiciera Herácles, cierra el polílogo de los centauros,

---

[261] *Ibid.*, p. 190.

[262] Arthur Schopenhauer, *El amor, las mujeres y la muerte* (selección de textos), Madrid, EDAF, 1973, pp. 82-98.

[263] V. por ejemplo Michael Grant y John Hazel, *Dictionnaire de la Mythologie*, Verviers (Bélgica), Marabout, 1975, 1981, p. 138.

[264] "*La Licencia y la Muerte son dos buenas muchachas,/...*" ("*Las Dos Buenas Hermanas*", *Las Flores del Mal*, poema CXII en la edición de 1861). Asociación entre la muerte y la belleza, unidas bajo la figura emblemática de la mujer, que volvemos a encontrar muy claramente también en "*Ave, dea, moriturus te salutat*" (poema V, 34, dedicado a Judith Gautier, de *Toda la lira* de 1888) de Hugo, uno de los grandes maestros espírituales de Darío, con Verlaine: "*La belleza y la muerte son dos cosas profundas,/ con tal parte de sombra y de azul que díriánse/ dos hermanas terribles a la par que fecundas,/ con el mismo secreto, con idéntico enigma./ Oh, mujeres, oh voces, oh miradas,/ cabellos,/ trenzas rubias, brillad, yo me muero, tened/ luz, amor, sed las perlas que el mar mezcla a sus aguas,/ aves hechas de luz en los bosques sombríos./ Más cercanos, Judith, están nuestros destinos/ de lo que se supone al ver nuestros dos rostros;/ el abismo divino aparece en tus ojos,/ y yo siento la sima estrellada en el alma;/ mas del cielo los dos sé que estamos muy cerca,/ tú porque eres hermosa, yo porque soy muy viejo.*"

[265] *Cuentos Completos*, pp. 257, 298, 303, 305, 307-308, 332, 335, 381-382, 385, 402, 406.

[266] *Ibid.*, p. 391.

diciendo que nadie podrá vencer la castidad y por consecuencia el secreto de "*La virgen de las vírgenes... inviolable y pura*", la Muerte.

La descripción del paisaje con la que concluye el poema nos da la imagen de un mundo ya organizado por la palabra de los centauros.

La lógica de la estructura del texto está dada por la importancia de Herácles que castiga a los centauros, ya sean éstos buenos o malos. Al comienzo del poema se habla de la herida que Herácles hizo a Quirón y se termina aludiendo al autosacrificio que debió padecer el centauro para liberarse de su sufrimiento. Obviamente uno de los temas centrales del "*Coloquio*" es el castigo.

Las figuras femeninas de la segunda parte evidencian también esta lógica ya que todas ellas se relacionan con el océano[267], con la violación o el adulterio[268], con el caballo, el toro o el centauro[269], y también, aunque de manera indirecta, con la guerra de Troya[270] que los antiguos griegos consideraron el origen de su némesis.

De aquí podemos derivar tres niveles del problema del conocimiento: el endógeno, el teológico, y el estético.

El primer nivel está inscrito en la dialéctica general del poemario. La asociación de las figuras femeninas con el océano, la violación y las bestias equinas se integra al tema central del libro: la superación de Europa por América[271].

A partir de esto se introduce la problemática teológica del pecado original ligado a Prometeo, liberador de la humanidad y robador del conocimiento a los dioses y a Deyanira (cuya iconografía fue relacionada durante el Renacimiento con Europa) que al igual que Eva fue engañada por causa de su ingenuidad.

---

[267]Cenis, Deyanira y Venus. Por otra parte, Filomela es hermana de Procné y de Procris, cuyo nombre significa "*rocío*", v. Lezama, p. 274. A este grupo adjuntamos el mismo Quirón.

[268]Cenis, Deyanira, Filomela, Hipodamia, Pasifae y Venus. Aquí también adjuntamos Quirón a este grupo.

[269]Deyanira, Hipodamia y Pasifae.

[270]Cenis, Hipodamia y Venus. Deyanira mató a Herákles al tener noticias de que su esposo venía de tomar una ciudad por amor a una doncella.

[271]V. Barbe, "*Prosas Profanas: la alegoría de la Poesía y la identidad cultural en Darío*".

Finalmente la consideración de este estatus prometeico de la humanidad doliente redimida por el artista - filósofo que con su palabra conduce a la humanidad de las tinieblas a la luz -, explica por qué el sabio Quirón, poseedor del *Logos*, comienza el "*Coloquio*" imponiendo el orden en el caos y cierra el "*Coloquio*" en un mundo ya organizado por la palabra cuando el sol está en su punto más alto iluminando el sentido de las cosas. Nos damos cuenta que las dos últimas intervenciones de Quirón, como las numerosas referencias a personajes del génesis de la mitología griega como a Prometeo y a Filomela, definen el ser humano y poético como trágico.

Entonces podemos decir que el "*Coloquio de los Centauros*" conlleva un doble movimiento: primero todo tiene un ser vital (el "*lacrimae rerum*" de Virgilio[272]), y que únicamente la palabra organizadora del poeta puede revelar el misterio. Segundo, el ser prometeico de los hombres se manifiesta a través del pecado original que le permite alcanzar conocimiento y muerte, símbolos en Baudelaire de la fatal superioridad de los hombres sobre los dioses, tema muchas veces recreado por Darío[273].

Reconocemos entonces que el conocimiento como problema teológico y ontológico es el tema central del "*Coloquio*", o sea que estamos otra vez ante la cuestión de la significación de la noción de ciencia en la frase de Quirón: "*La ciencia es flor del tiempo: mi padre fue Saturno*".

Sabemos que el parnasianismo inició con Leconte de Lisle y Sully Prudhomme la apología de la ciencia tanto en el estudio de las religiones comparadas, como de la Historia Antigua y de las Ciencias de la Naturaleza. El concepto de arte como ciencia se encuentra también en el naturalismo de Zola en *La novela experimental*. Y, en Darío, la sabiduría: "*riega... todas las artes, brinda... todas las ciencias*"[274]. Esta teoría, cuyo origen se encuentra tanto en el positivismo comtiano como en Platón y Aristóteles[275], adquiere su máxima expresión al final

---

[272]V. Salinas, p. 199. Lo que en sí conlleva ya una preocupación igualitaria latinoamericanista.

[273]*Cuentos Completos*, pp. 218, 303, 305, 307-308, 332, 355, 381-382, 385, 391, 402, 406. Apuntaremos que se trata de superioridad pero también de rebeldía, conforme la concepción del siglo XIX de la relación entre divinidad y humanidad.

[274]Citado en Eduardo Zepeda-Enriquez, *Mitología nicaragüense*, Managua, Manolo Morales, 1987, p. 17.

[275]V. Aristóteles, *Metafísica*, I, 1-2. Platón, *El Banquete*, pp. 275-279 de *Diálogos socráticos*, México, New York y

de los *Poemas satuminos,* cuando Verlaine escribe:

"Lo que necesitamos, nosotros (los *"Supremos Poetas"*) *es, a la luz de las lámparas,/ La ciencia conquistada y el sueño domado,/ Es la frente entre las manos del viejo Fausto de las estampas,/ Es la Obstinación y es la Voluntad/.../ Es la noche, la áspera noche de trabajo, de donde se levanta/ lentamente, lentamente, la Obra, ¡como un sol!/.../ Para que un día, golpeando con rayos grises y rosados la obra maestra serena, como un nuevo Memmón,/ La Alba-Posteridad, hija de los Tiempos taciturnos,/ ¡Haga en el aire futuro resonar nuestros nombres!"* [276].

Uniendo arte y ciencia la literatura del fin del siglo XVIII y del siglo XIX desarrolla una tesis revolucionaria como fue demostrado por Barthes y Annie Le Brun [277]. El hombre, negando a Dios se deshace de la fe gracias a la ciencia. Así, el género humano se presenta como prometeico en Shelley o Balzac. Schopenhauer [278], Baudelaire [279] y Darío en "*Lo Fatal*" se expresan al respecto en términos semejantes. No es casual que Ixión simbolice este estatus en Schopenhauer [280] y en el "*Coloquio*". Sin embargo, Schopenhauer es quizá quien ha reconocido de manera más diáfana la superioridad del artista como el ser más sensible ante las desgracias del mundo. La diferencia que hay entre su teoría y la de los artistas del siglo XIX es que para él la superación del dolor pasa por el ascetismo, mientras que para ellos la condición carnal, aunque trágica, es la única salvación. Al elegir a los centauros como parangones de la humanidad Darío como Schopenhauer y más recientemente Nydia Palacios [281] acentúan la esencia bestial del género humano. Los artistas del siglo pasado, haciéndose eco de Schopenhauer [282] exaltaron como valores el universalismo, el mundadanismo y el cosmopolitismo.

Panama, W.M. Jackson Inc., 1976, asocia además el arte al amor.

[276] Paul Verlaine, *Poèmes saturniens*, París, Flammarion, 1995, pp. 67-68 (trad. Barbe).

[277] Annie Le Brun, *Les châteaux de la subversion*, París, Seuil, 1987.

[278] Schopenhauer, p. 121.

[279] Baudelaire, *Les fleurs du Mal*, v. por ej. pp. 46 y 222.

[280] Schopenhauer, p. 118; y Philonenko, p. 183.

[281] Nydia Palacios, "*El erotismo en "El Coloquio de los Centauros"*", La Prensa, Sec. "*La Prensa Literaria*", sábado 25 de enero de 1997, pp. 1-2.

[282] Schopenhauer, p. 179.

Cabe subrayar que en Platón[283] como en Schopenhauer[284] el arte se identifica con la ciencia y la medicina porque según éste último el arte cura el alma. En el "*Coloquio*" Quirón también está asociado a la ciencia y la medicina.

Por eso resulta que la muerte como el arte representan, para los artistas del siglo XIX, la ausencia del dolor. La valoración negativa que Verlaine hace del tiempo, en el extracto citado, explica la relación entre el tiempo y Saturno.

En la frase que nos ocupa, por medio de una oposición entre el tiempo vivido (histórico) que nos entrega a la desesperación[285] por que "*es la forma esencial para todos los objetos del conocimiento al servicio de la voluntad*", y el conocimiento de lo bello que no sirviendo a ningún tipo de interés no es "*ustensilio*", sino "*ontológico*"[286].

Cuando Darío escribe: "*La Muerte es la victoria de la progenie humana*"[287], indudablemente se inspira en Schopenhauer que dice: "*La belleza es la victoria pensativa*"[288]. El consideraba que el arte siendo intemporal vence a Cronos en su más delirante furor[289].

Y Darío como Verlaine escribe: "*Las Musas, amigos míos, dan a mi entender la verdadera dicha. Ellas coronan de flores inmortales a sus protegidos; hacen que sus nombres venzan al Tiempo, les ayudan en las empresas de amores y les brindan el favor generoso de los*

---

[283]Platón, pp. 275-279.

[284]Schopenhauer, pp. 182-186.

[285]*Ibid.*, pp. 96-97.

[286]*Ibid.*, p. 171.

[287]Validando el simbolismo continental de la alusión, en "*Salutación del Optimista*" de *Cantos de Vida y Esperanza Los Cisnes y otros poemas*, Darío habla de "*la alta virtud resucit*(ando)/... *a la hispana progenie*", lo que nos recuerda la alusión a la Muerte como victoria de la "*progenie humana*" en "*El Coloquio de los Centauros*". Igualmente, resaltando la imagen mítica de América, Darío reitera su identificación implícita con la Atlántida en "*Salutación del Optimista*" y "*A Roosevelt*". Más, en "*A Roosevelt*" la Atlántida, que reconocemos en "*El Coloquio de los Centauros*", mediante la referencia a la obra de Verdaguer, por ser la isla donde viven los hombres-caballos, se integra a la evocación de Netzahualcoyotl, Baco y Pan, la América latina volviéndose "*hija del Sol*", es decir, pues, Venus, figura matutina de Quetzalcóatl como ya se encuentra en *Prosas Profanas*, v. Barbe, "*Baudelaire y el indigenismo en Prosas Profanas*", *La Prensa Literaria*, 6/2/1999, pp. 4-5. En "*Salutación del Optimista*", se asocia también la América hispánica al Oriente, el que se atribuía a la reina de Saba en *Prosas Profanas*.

[288]Schopenhauer, p. 143.

[289]*Ibid.*, p. 184.

monarcas y los potentados"[290]. El arte, nos dice Schopenhauer, asocia la paz (necesaria en la creación de la obra) y la angustia (frente a la tormenta de la naturaleza que por contraste nos permite gozar de la tranquilidad que lo bello procura a nuestra alma)[291]. Aquí Schopenhauer retoma a Kant para quien "*... la naturaleza no es considerada como sublime en nuestro juicio estético en la medida en que engendra el miedo, sino porque constituye una llamada a la fuerza que está en nosotros, fuerza que nos permite mirar todo lo que nos preocupa (los bienes, la salud, la vida) como pequeñas cosas...*"[292]. Como enajenación del mundo sensible, el arte nos conduce a la luz del conocimiento que Schopenhauer nos presenta como isla de la verdad en *Disertación*[293]; reminiscencia de la alegoría de la caverna de Platón.

Idénticamente la "*Isla de Oro*" del "*Coloquio*" es el lugar donde el mundo se organiza y se alumbra al entendimiento bajo el imperio del lenguaje y del arte, como vimos a través de las figuras de Saturno (Padre mítico de las artistas), Filomela (símbolo del poeta[294]), y Prometeo (paradigma de los artistas en el siglo XIX).

"*El* (artista) - *dice Schopenhauer - comprende la naturaleza como con medias palabras expresa inmediatamente de una manera definitiva lo que ésta no había sino balbuceado*"[295]. El artista, "*"monstruo" que arroja sobre el hombre una luz cruel*"[296], hace aparecer lo disimulado gracias a la razón[297], porque el gusto es juicio reflexionante[298]. Como escribe Leonardo: "*Saber es saber ver*"[299].

En el "*Coloquio*" Quirón es este monstruo revelador que por su conexión con

---

[290]Darío, *El hombre de oro*, Madrid, Aguilar, 1995, pp. 21-22.

[291]Philonenko, p. 186.

[292]*Ibid.*, p. 181.

[293]*Ibid.*, p. 164.

[294]V. Salinas, pp. 186ss.

[295]Philonenko, p. 186.

[296]*Ibid.*, p. 172.

[297]*Ibid.*, p. 142.

[298]*Ibid.*, p. 132.

[299]*Ibid.*, p. 92.

lo divino entiende en la Naturaleza celosa de sus secretos (la casta Diana)[300] la canción de Filomela bajo el horroroso grito de Atis. La condición prometeica del arte (Diana es la que da muerte a Europa y a su raptor en "*Palimpsesto*") nos descubre la posición latinoamericananista implícita en el "*Coloquio*". La utilización de los centauros, raza titánica, entre los cuales se contó Quirón, educador de los dioses y héroes, sugiere como en las "*Palabras Liminares*"[301] que la superación de Europa implica el retorno a lo autóctono, de antiguas raíces y sabiduría. De igual manera la construcción de una cosmología, Saturno-Venus, que asume la secuencia de Hesiodo en la *Teogonía* y *de* Pico de la Mirandola en el *Commento*[302], sirve, como en *La ilustre familia* de Salomón de la Selva, de marco para la elaboración de una apología de lo propio.

Integrado, como hemos visto, al problema de lo americano en su diacronicidad, y dialectizando éste por la cuestión de la adquisición de una ciencia propia (es decir, también, o más precisa y a la vez ampliamente en nuestro caso, un discurso propio), capaz de superar a la herencia europea, el centauro, mitad hombre, mitad caballo, en Darío, y en particular en el "*Coloquio*", se define propiamente como una figura histórica de la americanitud, remitiendo a la auto-afirmación del siglo XIX del ser criollo como indígena e hispánico, al recordarnos implícitamente que los caballeros con sus monturas (tradición española) fueron considerados como divinidades por los americanos de la época de la conquista (tradición indígena), quienes en aquel entonces desconocían a los équidos.

Finalmente, como la obra de Miró Quesada, el "*Coloquio de los Centauros*" nos pone frente al problema de la adquisición de una ciencia y arte endógenos. Hemos demostrado que sólo con el estudio atento del poema se llega a esta conclusión. Y es a través del mitoanálisis, de sus motivos, que sacamos a la luz el valor real del texto como un paso en la fundamentación de esta búsqueda individual y colectiva.

---

[300]Sobre la doble identificación de Diana con la naturaleza y con la muerte, veáse Salinas, pp. 70-80.

[301]Darío escribe: "*Si hay poesía en nuestra América, ella está en las cosas viejas: en Palenke y Utatlán, en el indio legendario y el inca sensual y fino, y en el gran Moctezuma de la silla de oro. Lo demás es tuyo, demócrata Walt Whitman*", *Prosas Profanas*, Managua, Distribuidora Cultural, 1995, p. 5.

[302]La secuencia es también idéntica en lo que concierne a la (doble) alternancia Omccihuatl-Luna (Venus) y Venus-Quetzatcóatl en la mitología mesoamericana.

En contradicción con José Manzana[303], podemos afirmar retomando las palabras de Quirón: "*La ciencia es flor del tiempo*", que la reflexión filosófica no se puede dar *a priori*. La reflexión filosófica es el fruto de una labor comparativa sobre la relación de la obra con su contexto, lo que llamaremos "*metatexto*". La disciplina estética, si se estructura con el metalenguaje que acabamos de definir, tal como Roig lo expone, es decir, utilizando el arte como hecho cultural para entender de manera analítica el pensamiento y su evolución, nos introducirá a una historiografía crítica[304] que nos permitirá comprender cabalmente nuestro ser y orientar nuestro quehacer.

Así, a semejanza de Freud en su introducción al estudio del caso de "*Dora*"[305], citaremos al *Fausto* (I, "*Hexenküche*") de Goethe:

"*Nicht Kunst und Wissenschaft allein
Geduld will bei dem Werke sein!*"

---

[303]José Manzana, "*El estatuto teórico de la filosofía*", conferencia en Bergara, diciembre de 1997.

[304]Como lo dice el mismo Manzana.

[305]Sigmund Freud, *Cinq Psychanalyses*, 1905-1918, París, PUF, 1954, 2001, p. 8. El extracto citado del *Fausto* significa: "*El Arte y la Ciencia no son suficientes, la obra necesita paciencia!*", trad. del francés (nota 1 p. 8 *in ibid*.) al español por nosotros.

VIII - LA CONCEPCIÓN MILENARIA:
APOCALÍPTICA Y FINISECULAR DE DARIO
EN *CANTOS DE VIDA Y ESPERANZA Y OTROS POEMAS*

Con este trabajo nos proponemos seguir el hilo que hemos venido deshilvanando con los trabajos sobre *Azul...*, *Prosas Profanas*, así que *Canto a la Argentina y otros poemas*, desde una perspectiva mitoanalítica.

Ya han sido señaladas, por los críticos, el carácter autobiográfico y el alcance latinoamericanista de *Cantos de vida y esperanza y otros poemas*. Por otra parte, según el colombiano Jaime Concha, *Cantos de vida y esperanza y otros poemas* a diferencia a diferencia de los anteriores poemarios no fue concebido en forma aditiva, sino como un todo cerrado, cuestión que podemos visualizar en el contraste entre los valores positivos de la primera parte y la concepción fatalista con la que concluye la obra.

Nos proponemos hacer una lectura seguida de los poemas de *Cantos de vida y esperanza y otros poemas* y la lógica interna del poemario.

La primera parte titulada *"Cantos de vida y esperanza"* consta de catorce poemas.

El primer poema nos introduce al plano marcadamente autobiográfico de la obra. Se trata de una respuesta a las críticas de Rodó a quien Darío dedica el primer poema. Rodó había afirmado refiriéndose a *Prosas Profanas* que Darío no era el poeta de América.

Así tanto en *"Al lector"* como en el primer poema de *Cantos de vida y esperanza y otros poemas* Darío reafirma su preocupación por los vaivenes del mundo contemporáneo y su pretensión de superar la bajeza de la vida política a través de la universalidad de su verso[306]. Justificando así la afirmación del *"Prólogo"* de *Prosas Profanas* vislumbrando meramente la necesidad de *"encerrar(se) dentro de* (sí) *mismo"*[307] para satisfacer su *"hambre de espacio y sed de cielo"* que consecuentemente le lleva a rozarse con Dios. Esta autoafirmación del valor de su poesía pasa por la evocación repetida del azul y al final del poema de Cristo, manera de establecer la continuidad entre *Azul...*, *Prosas Profanas* y *Cantos de vida y esperanza y otros poemas*.

---

[306]Darío, *Cantos de vida y esperanza y otros poemas*, Managua, Distribuidora Cultural, 1995, pp. 26, 28-29.

[307]*Ibid.*, p. 29.

"*Salutación del Optimista*" reutiliza la problemática del arte y la lengua (versos 3, 4 y 7, 11) dentro de una preocupación racial adventista y ati-imperialista. Es obvio aquí la intencionalidad de infundir el animo a los españoles derrotados, apuntando hacia la América Latina[308] como esperanza por Dios y por España.

"*Al Rey Oscar*" acentúa el problema de la latinidad en el epígrafe y los versos así como la relación entre España y los países nórdicos: unión de razas que se expresa como en "*Letanías de Nuestro Señor Don Quijote*" mediante la oposición entre la figura emblemática de Hamlet y la de Segismundo. Si el último párrafo de "*Al Rey Oscar*" retoma la temática adventista le es dedicado todo el poema siguiente titulado "*Los Reyes Magos*".

"*Cyrano en España*" nos vuelve a la relación Francia-España como apología de la latinidad y dentro de este contexto a la idea central en el poemario, ya encontrada en "*Al lector*" y el primer poema, del arte "*que vence sobre el espacio y el tiempo*"[309].

"*Salutación a Leonardo*", cuyo título se inscribe significativamente en relación dialéctica con el de "*Salutación del Optimista*", recrea la genealogía griega[310] e italiana de la latinidad dentro de la cual se ubica el poeta, "*Pegaso*" del poema siguiente ya evocado en "*Cyrano en España*".

"*A Roosevelt*" opone claramente los diabólicos Estados Unidos, identificados con Nemrod y Mammón, a Dios y a la latinidad.

En el poema IX la oposición entre razas hecha en el poema anterior se identifica con la lucha de clases, en la que como en "*Al lector*" los poetas torres y estandartes del arte representan esta esperanza.

"*Canto de Esperanza*" redondea la problemática apocalíptica en el sentido de una oposición entre Cristo blanco y el Antecristo. El caballo evidencia también la referencia directa al *Apocalipsis* como fenómeno de revelación, conforme la etimología griega. El último verso expresa de nuevo como en *Prosas Profanas* la

---

[308]*Ibid.*, p. 33.

[309]*Ibid.*, p. 37.

[310]*Ibid.*, p. 39.

condición mediadora del poeta entre lo divino y lo humano.

El poema XI reutilizando la figura del Pegaso blanco y la referencia al *Apocálipsis* en la tercera estrofa donde asocia Shakespeare a Cervantes nos deja ver que ahí donde los Estados combaten los artistas comparten.

A través de una serie de oposiciones tanto explícitas como implícitas entre amor y odio (como en el primer poema), arte y política, blanco y negro, pureza y maldad, *"Helios"* es entonces un himno a las figuras clásicas de la poética dariana: el Sol, la alondra, los caballos, el hiperionida, la celeste Osa, Pegaso, el azul. El Sol se identifica al arte, al amor, y a Dios[311], y se opone a Satán en una versión cristianizada del nacimiento de la aurora. Este advenimiento en el que el sol como en *Prosas Profanas* representa a lo hispánico simbolizado por el Quijote no deja de recordarnos el discurso de *"A Roosevelt"*.

Siguen concluyendo lógicamente el conjunto: *"Spes"*, himno a Cristo y a la Esperanza, con sentido teosófico[312], y la *"Marcha Triunfal"* en la que el Sol y la Patria se oponen al odio y a la muerte.

"Los Cisnes", segunda sección del poemario, consta por su parte de cuatro poemas.

El primer poema[313] sigue la oposición de la América hispánica con los Estados Unidos representados por los *"brumos septentrionales"*, el águila y los bárbaros fieros frente los cisnes, los potros y el león, todos estos símbolos latinoamericanos. Sin embargo la esperanza está representada al final del poema, invirtiendo las tesis de Hegel acerca de la contienda necesaria entre la América hispánica y la América sajona, por la unión entre el cisne negro y el cisne blanco al igual que en la tercera estrofa América del Norte había sido definida por antinomía a través la de América Latina.

"En la muerte de Rafael Nuñez" es una evocación del infierno dantesco - que nos hace pensar al modelo pictórico utilizado por Delacroix en el siglo XIX - que sin

---

[311] *Ibid.*, p. 47.

[312] V. Barbe, "*Isis y Esperanza: los dos rostros del Bonus Eventus - Una cuestión de iconología medioeval*", *El Nuevo Diario*, Iª parte: 29/12/1998, p. 10; IIª parte: 30/12/1998, p. 11; IIIª y última parte: 31/12/1998, p. 11.

[313] *Cantos de vida y esperanza y otros poemas*, p. 52.

embargo lleva al poeta a la paz y a la cruz, guiado por el enigma y la esfinge del simbolismo y la latinidad evocada esta vez por la figura de Montaigne, hasta en el epígrafe, a semejanza de lo que ocurre en *"Responso"* con Verlaine.

El tercer poema, siguiendo el rumbo apocalíptico (macabro en *"En la muerte de Rafael Nuñez"*), político y estético del conjunto, identifica también a semejanza de lo que ocurre en *Prosas Profanas* el amor, el cisne y el arte.

El poema IV empezando como el tercero con la figura de Leda nos reubica en una dialéctica entre amor y guerra, paloma y águila, reutilizando como en el poema anterior la figura ambivalente por definición de los Dióscuros, guerreros y curanderos a la vez. Significativamente la segunda estrofa retoma una oposición de figuras animalísticas similar a la de *"Anagké"* y de *"Los Motivos del lobo"*.

La perfecta secuencia del poemario se siente aquí por la cualidad orgánica del pasaje del tema macabro en el segundo poema al tema apocalíptico en el tercero, después de la doble referencia en los poemas III y IV a los Dióscuros, y finalmente de la retoma, como veremos, de motivos entre la segunda parte: *"Los Cisnes"* del poemario y el primer poema de la tercera. Idénticamente el hecho de que el poemario se divide en tres partes debe hacernos reflexionar sobre el carácter marcadamente religioso y simbólico adventista del conjunto, pues el número tres, relacionado con la trinidad cristiana, representa tradicionalmente la *"realización completa"* del ser mediante la *"participación al mundo invisible"*[314].

La tercera sección del poemario, titulada *"Otros poemas"*, es la más extensa de la tres, consta de cuarenta y un poemas.

El primer poema por su título de *"Retratos"* nos recuerda *Azul...* Dividido en dos partes opone el guerrero a la santa, en una dialéctica similar a la de *"Los Cisnes"*.

Es interesante notar para entender la tercera sección del poemario que en el capítulo sobre Poe de *Los Raros* (1896) Darío retomando la dialéctica rodiana opone a los Estados Unidos-Calibán la mujer musa, tanto de Poe como suya, promesa y símbolo de esperanza[315]. Dentro de esta oposición Darío identifica

---

[314]Chevalier et Gheerbrant, art. *"Trinité"* y *"Trois"*, pp. 971-973ss.

[315]Darío, *Obras completas*, t. 2, pp. 260-261.

como en los poemas de *Cantos de vida y esperanza y otros poemas* al vate con el caballero y termina con la invocación a Dios [316]

Así los poemas del II al VI de *Cantos de vida y esperanza y otros poemas* se centran en una problemática naturalista y amorosa en la que se vislumbra una progresión simbólica de las estaciones y de las horas del día similar a la que encontramos en *Azul...* y *Prosas Profanas*.

En *"Por el influjo de la primavera"*, cuyo título advierte del renacimiento estacionario, resurgen las figuras darianas del fauno, la bacante y Venus dentro de una dialéctica entre lo antiguo y lo moderno en la que se da particular énfasis al acento de latinidad que encierran estas figuras: *"Ensueño florentino"*, *"egipán latino"*, *"bacante griega/ y parisiense"* [317].

Al amor primaveral de este poema que termina con una invocación a la musa *"paloma blanca"*, a semejanza de lo que ocurre en *"Palomas blancas y garzas morenas"* en *Azul...*, inalcanzable sucede en los poemas siguientes una orientación crepuscular.

Los últimos versos de *"Nocturno"* aludiendo a la muerte aclaran retrospectivamente las referencias a la que *"no encontramos nunca"* (*"Por el influjo de la primavera"*), el viaje incierto hacia el futuro (*"La dulzura del Angelus..."*) y *"lo invisible"* (*"Tarde del Trópico"*).

Al igual que *"Tarde del Trópico"*, asemejándose a la invocación solar de la última estrofa de *"Por el influjo de la primavera"*, nos devuelve a la problemática del advenimiento de los pueblos del Trópico, *"Nocturno"* por su parte nos reintroduce al carácter autobiográfico y aquí trágico del poemario, sobre el que regresa el poema siguiente titulado *"Canción de Otoño en Primavera"*, donde se entrelazan: autobiografía, vida amorosa y sentido trágico de la existencia. Significativamente este poema concluye con la identificación en el último verso entre el *"Alba de oro"* y la interioridad del poeta, lo que nos remite a las *"Palabras Liminares"* de *Prosas Profanas* y al inicio de *Cantos de vida y esperanza y otros poemas*. De ahí que *"Trébol"* nuevamente evocando las figuras culturales clásicas de la hispanidad imagina un intercambio epistolar entre Góngora y Velázquez. El primero estigmatizando los

---

[316] *Ibid.*, p. 270.

[317] *Cantos de vida y esperanza y otros poemas*, p. 58.

males de España y el otro confortando al pesimista escritor. Por supuesto esta formula epistolar entre personajes del Siglo de Oro alude a la situación contemporánea de la España derrotada.

La insistencia de Darío en referirse al oro, en *"Trébol"*, enlaza con la referencia al *"Alba de oro"* del poema anterior. Así, mientras la segunda estrofa de la segunda parte de *"Trébol"* alude al centauro dariano, la tercera parte que empieza con la imagen del *"Pegaso divino"* es donde Darío hace uso de la palabra para responder a las dos figuras emblemáticas de España. Afirmándose así el supremo valor del arte [318] para con brillo gongorino enaltecer la relación dicotómica existente entre España y América Latina a través de un juego con los términos de Península y Colonia.

Utilizando el fenómeno de traslación y ampliación de los primeros poemas de la primera sección del poemario en el que la América hispánica (*"Salutación del Optimista"*) se identifica con la misma España (*"Al Rey Oscar"*) para luego reconstruir su genealogía latina (*"Cyrano en España"*, *"Salutación a Leonardo"*). En *"Trébol"* con la idea de que la colonia está contenida en la península se afirma la hispanidad de la América Latina. Para después en el poema siguiente *"Charitas"* nuevamente reconocer la latinidad de América esta vez a través de la figura francesa de Vicente de Paúl.

De ahí que las figuras del águila por tradición el animal tutelar de los Estados Unidos y el ruiseñor que en *"Augurios"* aparece como el del poeta y que encontramos en la segunda estrofa del tercer soneto de *"Trébol"* nos remite obligatoriamente a la dualidad cultural que deviene en América postcolonial la que reaparece en *"Charitas"* en la oposición entre palomas y águilas que remata en el mismo poema con la evocación de los príncipes y las potestades de Francia, con matices apocalípticos y de movimientos sociales.

Los poemas IX y X titulados respectivamente *"No obstante..."* y *"Líbranos, Señor..."* siguiendo el primero la evocación de figuras de la latinidad, en este caso de autores franceses, evocan el uno como en *"Trébol"* la necesidad de vencer el miedo (*"... (el) vicio,/... la locura y la muerte"*) y el otro la oposición entre el amor y el dolor invocando a Dios.

De ahí que *"Filosofía"* prefigurando en su último verso *"La canción de los osos"*

---

[318] *Ibid.*, p. 66.

de *Canto a la Argentina y otros poemas* nos hace pensar en la sentencia bíblica, colmada de esperanza: *"los últimos serán los primeros"*. Recurriendo a la figura del sapo *"Filosofía"* aparece como una reminiscencia de las ideas de Voltaire vertidas en su artículo sobre *"Lo bello"* de la *Enciclopedia*. Leda utilizando a su vez la figura mitológica para ahondar en la idea de que el amor divino hace que las *"quejas se van"* [319].

Al igual que Leda recurre al cisne, figura emblemática del poeta, *"Divina Psiquis"* volviendo como *"Retratos"* a la oposición entre virginidad y militarismo y adjuntando otros como: sombra y luz, paganismo y cristianismo, ubica nuevamente, en los dos últimos versos, al poeta como mediador entre los hombres y Dios, fuente de toda esperanza.

Con la vuelta del pájaro azul aludida en el soneto siguiente significativamente de trece versos se entabla una relación dialéctica con *"Divina Psiquis"*, décimo tercer poema de la sección. Mas los poemas XV y XVI ofrecen como contraparte la visión trágica del poeta en relación a la creación artística y la procreación, la que el poeta en la última estrofa de *"A Phocas el campesino"* mediante las figuras de la mariposa y Psiquis, símbolos del alma poética, se confunde con la creación artística. El poema XVII concluye la serie de poemas en los que el amor, la mujer y el arte se oponen a lo material y vulgar.

Así como en el *"Coloquio de los Centauros"* la ciencia milenaria, a imagen de la espiritualidad de Ariel, contrasta con la barbarie encarnada claramente aquí en *"el progreso/ "yanquee""*.

"Un soneto a Cervantes" opone implícitamente la figura del *"Cristiano y amoroso caballero..."* al *"poderoso caballero... don Dinero"* quevedesco y explícitamente la *"pesadumbre y... tristeza"* al amor y la esperanza que encarna Cervantes como paradigma del alma española.

Los poemas XIX al XXIII redondean la apología del amor como sentimiento intelectual y de alguna manera divino contrario al materialismo de la sociedad contemporánea.

"Madrigal exaltado", poniéndose desde la primera estrofa bajo el signo macabro

---

[319] *Ibid.*, p. 71.

del *Dies irae*, opone el sol y el amor a la locura del mundo. Canto de amor a una doncella, retoma la figura del *"egipán"* latino ya encontrada en *"Por el influjo de la primavera"*.

"Marina", cuyo título y temática nos recuerdan a *Prosas Profanas* asociando las figuras de Venus y el sol, es una alegoría de la América Latina, raptor de Europa, cuyos tropeles nos recuerdan al *"Coloquio de los Centauros"*. Como es sabido Venus y el sol son estrechamente ligados a Quetzalcóatl.

En relación dialéctica se hace referencia a la vaca crepuscular, símbolo también venusiano en *"Cleopompo y Heliodemo"*.

"Ay, triste del que un día..." y el poema XXIII como anteriormente los poemas XV y XVI constituyen la contraparte fatalista de la temática amorosa y adventista de los poemas anteriores.

"Augurios" es un bestiario en el que el águila, símbolo implícito de los Estados Unidos, se ve cambiado en la secuencia del poema por el búho griego, animal que une Oriente y Occidente, creándole así una genealogía latina a la América española por la paloma tradicionalmente opuesta al águila en Darío y por el ruiseñor animal tutelar del poeta aquí como en Wilde.

Los poemas XXV al XXVIII reemplazan el fenómeno de sucesión que concluyen los poemas XV-XVI por otro de alternancia.

"Melancolía" como el primer poema de la primera sección evoca la correlación entre la poesía como intento de liberación y la vida cruenta, problemática que resalta también *"De Otoño"*.

"¡Aleluya!" y *"A Goya"* exaltan respectivamente el mestizaje y la selva virgen (*"¡Aleluya!"*) y el arte hispánico (*"A Goya"*). Si bien *"De Otoño"* termina con un verso de eco pushiniano *"A Goya"* insiste en el carácter crepuscular de la península.

"Caracol" retomando como antes *"Marina"* una simbología similar a la de los últimos poemas de *Prosas Profanas* (en la edición de 1901) nuevamente alude a la relación entre América y Europe.

El amor que Darío vislumbra en esta relación a través de la forma del caracol se amplia en *"Amo Amas"* unida la idea de una consunción universal de toda la creación. Idea a la que vuelve *"Nocturno"* (que retoma el título del quinto poema de esta sección, aludiendo de nuevo, de manera muy similar a la de Azorín en sus cuentos, a la unidad del ser trágico del artista con los movimientos del mundo de los que es receptor por excelencia) y *"Urna votiva"*. Anteriormente a estos dos poemas y después de *"Amo Amas"* *"Soneto autumnal al Marqués de Bradomín"* marca esa ampliación del concepto de lo particular en el sentido de la identificación entre la hispanidad y una latinidad de estirpe francesa representada por la paloma a semejanza de lo que ocurre en *"Augurios"*.

"Programa matinal" es otro discurso de esperanza que rechazando la ignorancia ya aludida en el poema XXII pareciera encontrar en el divino país de la mañana el goce auroral e infantil de la selva nativa evocado en *"Urna votiva"*.

"Ibis" dedicado al animal tutelar del dios egipcio de la muerte Thot toca nuevamente el tema de la ambigüedad del ser abriendo así sobre *"Thanatos"*, poema que con una conceptualización de la muerte parecida a la que encontramos en el *"Coloquio de los Centauros"* contradice la visión trágica del poema XXII, lo que nos induce a considerar la conexión posible entre los poemas XXXI al XXXIV y del XXXVI al XXXIX.

Mientras *"Thanatos"* y *"Programa matinal"* responden al desesperado lamento: *"Ay, triste del que un día..."*, *"Ofrenda"* como *"Bouquet"* en *Prosas Profanas* es donde el poeta se propone *"ornar* (el) *corpiño"* de la mujer con su *"rimado bouquet"*. Si bien *"Ofrenda"* es una nueva alegoría de la primaveral Venus, *"celestial/ Madona"* carnal, el hecho de que la última parte de *"Ofrenda"*, como los poemas de la primera sección del poemario reintroducen a Darío dentro de una genealogía latina franco-italiana, literaria y artística, nos invita a interrogarnos sobre la cualidad dialéctica de los versos siguientes: *"Bandera que aprisiona/ el aliento de Abril"*, y *"Carrera de Atalanta/ lleva tu dicha en flor"*. Pues a *"Ofrenda"* sigue el poema titulado *"Propósito primaveral"*, el cual como *"Programa matinal"* nos remite en su título a la idea de una propuesta para el futuro. Propuesta o proyecto que sería de carácter primaveral y auroral, cualidades connotativas tanto en *Prosas Profanas* como en *Intermezzo Tropical* de la propia América Latina. Retomando la misma temática amorosa que *"Ofrenda"*, en *"Propósito primaveral"* el poeta se propone de nuevo en homenaje a Vargas Vila, maestro erótico, iniciar a la adolescente en cuanto, alusión saturnina, la *"hoz de oro ha cegado* (el) *trigo"* del poeta.

Y así como la serie de los poemas del XXXI al XXXIV se abre con *"Soneto autumnal al Marqués de Bradomín"*, la serie de poemas del XXXVI al XXXIX concluye con *"Letanías de Nuestro Señor Don Quijote"*, en el que recurriendo a la figura de la esperanza, Darío ensalsa el heroísmo idealista del alma hispánica encarnada en el Quijote a través de nuevo de una correspondencia entre Hamlet y Segismundo.

Concluye así el poemario con los poemas *"Allá lejos"* y *"Lo Fatal"*. *"Allá lejos"* confirma en su último verso la simbología nicaragüense y latinoamericana de la primavera para Darío. Así la simbología amorosa que llena el poemario en una perspectiva política de oposición entre: por una parte el amor y la espiritualidad hispánica y latina, y por otra parte el materialismo y la voluntad imperialista anglosajona prefigura el poemario *Canto a la Argentina y otros poemas*.

La aparición de la figura del buey en *"Allá lejos"* de pasada relacionada aquí con la del toro como imágenes de la nicaraguanidad y de los recuerdos primaverales y venusianos de la infancia y de la fecundidad de la Tierra Madre[320] prepara la reutilización de estas dos figuras en su enfrentamiento en *"Gesta del Coso"*.

Referida tal vez a las concepciones imperialistas y panteístas whitmanianas (véase también en este sentido las *"Palabras Liminares"* de *Prosas Profanas*), la dialéctica amor-guerra en Darío no sólo reaparece en poemarios contemporáneos de autores nicaragüenses en primera instancia y centroamericanos tales como por ejemplo: *El soldado desconocido* de Salomón de la Selva, *Epigramas* de Ernesto Cardenal, *Cantata estupefacta* de Alvaro Urtecho o *El Pastor de las equivocaciones* del salvadoreño Roberto Armijo así como de manera más difusa pero más sistemática en la poesía femenina nicaragüense de los 70-90, sino también en varias películas norteamericanas contemporáneas.

Los recuerdos de niñez en *"Allá lejos"* cierran el poemario de manera autobiográfica como se abrió con: *"Yo soy aquel que ayer no más decía/ el verso azul y*

---

[320] A semejanza de lo que ocurre en la iconografía patriótica tradicional de la Paz, v. en particular Dumézil, *Le roman des jumeaux - Esquisses de mythologie*, Paris, Gallimard, 1994, por ej. pp. 90, 95 et 155; y *Servius et la Fortune - Essais sur la fonction sociale de louange et de blâme et sur les éléments indo-européens du "cens" romain*, Paris, Gallimard, 1943, así que las reproducciones del vol. 1-58 de la colección iconográfica Maciet de la Biblioteca del Museo de Artes decorativas de París, y *Andrea Mantegna peintre, dessinateur et graveur à la Renaissance*, fig. 112 pp. 376-377 y 116 pp. 384-385. De hecho, el buey, símbolo de Paz en cuanto promesa de prosperidad cívica y agrícola, se identifica explícitamente con la Paz en *"Paz y Paciencia"* (1893) de Darío, *Cuentos completos*, pp. 343 à 345.

la canción profana". "*Lo Fatal*" continuando con el rumbo autobiográfico concluye el poemario con las interrogantes propias de la madurez. Mientras "*Yo soy aquel que ayer...*" habla de lo vivido, "*Lo Fatal*" integrándose plenamente a la preocupación adventista del poemario, cierra preguntándose sobre el futuro incierto.

No cabe duda que el adventismo que se encuentra en *Cantos de vida y esperanza y otros poemas* es el resultado de las preocupaciones sociales, esencialmente nihilistas y finiseculares de la Europa de la época, de las cuales el mismo Darío da cuenta en "*El fin del mundo*" en donde el agotamiento de la fe [321] se opone a la mitología solar y cristiana de las calamidades apocalípticas que llevaron a la última conversión de la humanidad [322].

De manera más general y a la vez más particular en el capítulo de *Historia de mis libros* reservado a *Cantos de vida y esperanza y otros poemas* Darío aclara la voluntad latinoamericanista de la obra que abriga un canto de esperanza de genuina fe para el mundo hispánico.

Así, son notables los préstamos a Martí, tanto a *Ismaelillo* (1882) como a *Versos sencillos* (1881). La dedicatoria que hace Martí a su hijo Ismaelillo nos recuerda a "*A Phocas el campesino*". Los tábanos fieros de Martí pueden compararse con los bárbaros fieros de Darío. La "*tórtola blanca*" con su paloma. "*Yo soy un hombre sincero...*" que abre *Versos sencillos* con "*Yo soy aquel que ayer...*". La bailarina española con su bandera del poema X de *Versos sencillos* tal vez puede aclarar la amorosa "*Ofrenda*" de Darío. Otros elementos también como la rubia y la "*abeja estival*" del poema XVII o las referencias pictóricas de los poemas XIV y XXI de *Versos sencillos* reaparecen en *Cantos de vida y esperanza y otros poemas*.

En *Cantos de vida y esperanza y otros poemas* confluyen el latinoamericanismo de Darío y el legado de Martí para forjar una perspectiva política que orienta la lectura de la visión apocalíptica del poemario, no tanto como consecuencia del pesimismo de la Generación del 98 sino más bien como una respuesta a ella. Respuesta que lleva a la autoconciencia nacional y latinoamericana afirmándose a sí misma como país del porvenir. Esta autoafirmación pasa en el poemario, por ejemplo en "*A Goya*", por la descripción del arte del pintor español como

---

[321] *Obras Completas*, t. 2, pp. 700-702.

[322] *Ibid.*, pp. 697-699.

crepuscular. Ya hemos apuntado esta concepción *"matutina"* de la América Latina en Darío opuesta a la vieja Europa agotada y sin más convicciones y a la vez necesitada de nuevos valores[323].

Lo que nos lleva finalmente a reinterpretar la idea de América como utopía para los americanos, tema ampliamente desarrollado por el pensamiento americano contemporáneo, por ejemplo en *La Utopía posible* del filósofo nicaragüense Alejandro Serrano Caldera. No sólo, para parafrasear a Cerutti, como discurso desde el ser otro sino como forma mesiánica de estructuración del discurso patriótico, sino como respuesta al discurso colonial europeo y sus múltiplos intentos de realización en el suelo americano. Contradiciendo la definición de Joseph Gabel[324] en la distinción que hace entre utopía individual y utopía colectiva, podemos afirmar a partir de la lectura que hemos hecho de *Cantos de vida y esperanza y otros poemas* que la utopía no es distinta de la ideología, sino más bien la utopía es una forma de ideología.

Por ende, si bien se fundamente, como en la obra de Darío, en un intento de reencontrar una cierta Edad de Oro, ello se debe, contrariamente a lo que comúnmente se piensa, en el carácter cíclico de la mitología crística, lo que hemos tenido la oportunidad de demostrar en otra ocasión[325] y que se confirma en las concepciones de la dialéctica histórica de Hegel y Marx.

En el caso de Darío como de las teorías latinoamericanistas del siglo XX este carácter cíclico es reinvindicado como propio de las creencias indígenas y opuesto a la concepción lineal de la historia. Es decir que, al contrario de lo que postula Gabel, es evidente por lo mismo que él señala: la utopía es soñar lo imposible para realizar lo posible, que la utopía no puede suponer un proceso hacia atrás mientras la ideología supone un proceso hacia adelante. Tampoco conocemos utopías individuales de tipo esquizoide. Probablemente a nivel psicológico como podemos percibir en poemas de *Cantos de vida y esperanza y otros poemas*, *"Lo Fatal"* por ejemplo, hay latente la necesidad de refugiarse en la infancia, etapa de la vida en que no hay mayor nivel de compromiso ni de decisiones, lo que validan los estudios etnopsicoanalíticos de Devereux. Sin embargo no se trata aquí de sueños

---

[323]V. también Elisa Arévalo Cuadra y Pablo Kraudy, *"Rubén Darío y las elecciones"*, *Cultura de Paz*, Managua, UNESCO, n° 10, octubre-diciembre de 1996, pp. 11-16.

[324]*Encyclopaedia Universalis*, art. *"Idéologie"*.

[325]Barbe, "*La Crucifixión: ¿evento cósmico o viaje del ánima?*", *El Nuevo Diario*, 5/12/1997, p. C-1.

utópicos a pesar de que estos sentimientos pudieron infundir una cierta ambivalencia temporal en las concepciones utópicas. La misma etimología de la palabra *"utopía"* revela su doble condición de posibilidad todavía no realizada. Las utopías, sean platónicas, del siglo XVI o del siglo XX latinoamericano, son meramente sociales.

Como lo apunta Gabel existen en un *"tiempo explosivo"* ya que aspiran al cambio.

A diferencia de lo que postula Gabel que atribuye el *"tiempo espacializado"* a la utopía como *"acto individual"*, las utopías por constituir visiones que una sociedad tiene de sí misma se ubican dentro de este *"tiempor espacializado"*. La Pléyade pretendía encontrar en el sistema francés de su época la expresión de tal utopía o Edad de Oro para el mundo. Platón lo propone en la república ateniense posible. Darío en el poemario, como los teóricos latinoamericanos posteriores a él, conciben la América Latina como la nueva utopía posible para el mundo.

Darío en *Cantos de vida y esperanza y otros poemas* busca también justificarse ante los que no le entendieron; de ahí que encontramos en el poemario una orientación latinoamericanista en las dos primeras secciones mucho más evidente que en sus poemarios anteriores, mientras que a través de la constante preocupación autobiográfica que inunda el poemario y de las numerosas autoreferencias literarias encontramos más que todo en la tercera sección una notable insistencia del poeta en escribir poemas amorosos como manera de reafirmar la validez de *Azul...* y *Prosas Profanas*.

Este doble movimiento de afirmación mesiánica de lo latinoamericano y de validación autobiográfica (que se encuentra también en *Prosas Profanas*) nos remite probablemente a la realidad psicológica y social de la utopía como producción cultural simbólica en su perpetua conformación de discurso individual y aspiración social.

Es muy notable en los dos *"Nocturnos"* del poemario que, recordándonos la estructura de los libros de cuentos de Azorín[326], expresan la voluntad de los

---

[326]Tanto contemporáneos como posteriores, v. Azorín, *Blanco en azul y otros cuentos*, Managua, Nueva Nicaragua, 1986. Desgraciadamente, no podemos aquí sino apuntar este elemento, que va mucho más allá del ámbito restringido del presente trabajo. Sin embargo nos hemos interesado a la pretension "metalingüístico" de los cuentos de Azorín para explicar el debate postmoderno sobre "metateoría" en un

artistas contemporáneos de volverse críticas de la sociedad en la que viven, identificándose al medio de tal manera que se vuelven paradigmáticos de todos nosotros, nuevos Cristo o nuevos Prometeo. Vimos que esta cualidad mesiánica, notablemente desarrollada en su pretensión "metalingüístico" por los naturalistas, en particular Zola con *La novela experimental*, se encuentra por ejemplo también en *Las Flores del Mal* de Baudelaire, o en *La leyenda de los siglos* de Hugo a través de las figuras de Caín, Lucifero, y Pan, esta última reinterpretada por Darío desde la época de *Azul...* en sentido exclusivamente latinoamericanista.

---

ensayo todavía inédito titulado: "*Estudio de la cuestión metateórica a partir de las críticas no occidentales y lacaniana al pensamiento postmoderno*".

IX - LA DUALIDAD ONTOLÓGICA
EN *CANTOS DE VIDA Y ESPERANZA*

> "*Suena el viento, suena el viento en la fronda*
> *y en cada uno de sus brazos late una pasión*
> *oculta,*"
> (Alvaro Urtecho, "*Fin de Estación*", *Esplendor de Caín*)

> "*Calles de la infancia recobrada.*
> *Calles en donde la siesta se empatana*
> *en un ensueño de polvo y aserrín.*"
> (Alvaro Urtecho, "*Provincia, I*", *Cuaderno de la Provincia*)

En ocasión de la celebración y conmemoración del Centenario de la primera publicación de *Cantos de Vida y Esperanza* (1905), con el presente trabajo (- y título -), pretendemos ampliar los planteamientos anteriores nuestros acerca de la obra del maestro Rubén Darío, revisando, hasta donde sea posible, de que manera lo que siempre se interpreta en su obra en sentido vertical - con terminología y dialéctica lévistraussianas - como oposición compensatoria: cielo-tierra/espíritu-carne, en realidad debe de verse en sentido horizontal: lo blanco-lo negro/lo ajeno-lo propio/lo impuesto-lo indígena, haciendo del máximo poeta un hombre plenamente integrado al pensamiento de su época, previa a la vanguardia, integradora de los modelos europeos y recién rescatadora de lo mestizo. Así, para nosotros, *Cantos de Vida y Esperanza* evidencia, y no dialectiza, contrariamente a lo que suele decirse, los recursos continentalistas menos obvios porque estetizados, pero sí presentes en primer plano, en *Azul...* y *Prosas Profanas*, como bien lo deja entender la genealogía del primer poema del libro ("*Yo soy aquel...*"), que precisamente busca reafirmar esa continuidad artística en el proceso de creación dariano.

Son relativamente concentrados en *Cantos de Vida y Esperanza* (en particular en las dos primeras partes) los poemas que abordan la cuestión ontológica en cuanto ésta remite a vivencias de recuerdos y tragedia personal, dichos poemas inscribiéndose en una oposición implícita con el tema central del libro: la fuerza y la ética y culturas latinas frente al oscurantismo mercantilista anglosajón.

Desde el canto I del poemario, donde plantea en famosos versos que aquí recordamos: "*Yo soy aquel que ayer.../... Yo supe de dolor desde mi infancia.../... melificó toda acritud el Arte*", Darío expresa la salvación individual por el Arte, al mismo tiempo que la identificación dialética entre la infancia y el recuerdo como fenómenos relacionados con el dolor, sea como en este poema porque el dolor se asocia a la niñez, sea como en los dos últimos poemas del libro porque los recuerdos de la niñez se oponen a los miedos y el avasallamiento a la muerte y la vejez, o sea a la ontología humana, como de hecho la primera estrofa del primer canto del poemario ya nos lo indica, al evocar *Azul...* y *Prosas Profanas* como logros ya pasados de una época ya terminada, el paradigmático "*ayer*" que sabe conyugar a la vez lo muy moderno y lo muy antiguo como lo expresa la tercera estrofa.

Es en el poema X: "*Canto de Esperanza*" de la primera parte que se reafirma el tema central del libro: la dicotomía entre el advenimiento apocalíptico del Anticristo estadounidense y el ser del poeta quien siente, sufre y resiente en carne propia este imperialismo: "*La tierra está pregnada de dolor tan profundo/ que el soñador, imperial meditabundo,/ sufre con las angustias del corazón del mundo*" (terminología que volvemos a encontrar los dos últimos versos del poema XXXII: "*Nocturno*" de la tercera sección). Se releva en esta tercera estrofa la alusión al imperialismo, pero en este caso a un imperialismo altivo y cultural, distinto al del "*futuro invasor*" del anterior "*A Roosevelt*". El poema IX es la máxima expresión del papel predominante del poeta en la batalla contra los Estados Unidos en el pensamiento dariano.

El poema XIII: "*Spes*" remata en el carácter místico de la fe y el pensamiento latinoamericano, el poeta dirigiéndose en primera voz a Cristo como salvador del "*sañudo infierno*" creado por el Anticristo del poema X.

Con este poema se acaban en la primera sección las alusiones y evocaciones de la oposición entre un ser nefasto y lo latinoamericano revalorizado en forma continentalista. Así como el uso inicial de los motivos de la juventud y el recuerdo como elementos desvanecidos de tiempos por recobrar, que en esta sección toman como vehiculo el Arte, mientras en los dos últimos poemas del libro juventud y recuerdo se manifestarán como símbolos meramente patrios. Aquí todavía, con el primer canto del poemario, Darío sólo alude y remite a la vivencia personal, artística, como crítica y salvadora.

La segunda sección: "*Los Cisnes*" expresa en los tres primeros poemas la dialéctica naciente del discurso artístico criollo, mediante el reconocimiento de la herencia latina europea (el cisne blanco), y el reconocimiento paralelo que se le dio al poeta nicaragüense en el mundo europeo, lo que devuelve el lector a la valoración del discurso poético individual de la primera parte (y en específico el primer canto) como forma primogénita de revolución y movimiento social, concepto presente en Darío desde *Azul...* y que simbolizará Carlos Martínez Rivas en una perspectiva similar con su famoso título: *La Insurrección Solitaria.*

La tercera y última sección: "*Otros Poemas*" (la estructura tripartita del poemario recordando el simbolismo crístico y mesiánico del libro), que contiene la mayor parte de poemas referentes a nuestro estudio, dialectiza más claramente, en una simbología referida a la pintura moderna: los momentos del día, las cuatro estaciones, la oposición entre juventud ya ida y la lejanía y la añoranza del Trópico, por circunstancias personales al poeta la final de su vida, donde no regresó a Nicaragua.

De ahí que los dos primeros poemas de la sección, sobre: "*El influjo de la Primavera*" y "*La dulzura del Angelus*" se oponen a los dos siguientes, sobre: "*Tarde del Trópico*": "*Es la tarde gris y triste./ Viste el mar de terciopelo/ y el cielo profundo viste/ de duelo../... Los violines de la bruma/ saludan al Sol, que muere.../... Cual si fuese lo invisible...,/ cual si fuese el rudo son/ que diese al viento un terrible/ león*" (rey de los animales, y emblema de la ciudad de nacimiento del poeta), y "*Nocturno*": "*Quiero expresar mi angustia en versos que abolida/ dirán mi juventud de rosas y de ensueños*". El poema XXXII de la sección proponiendo otro "*Nocturno*" al lector.

Sobre la misma presentación se integra la conocida "*Canción de Otoño en Primavera*", que, sexto poema de la sección, nos recuerda: "*Juventud divino tesoro,/ ya te vas para no volver!/ Cuando quiero llorar, no lloro.../ y a veces lloro sin querer*".

Igual simbología ofrecen los poemas XXXIV: "*Programa Matinal*" y XXXVIII: "*Propósito Primaveral*".

Aunque el poema XXIX: "*Caracol*" hace referencia, en sentido positivo y valorativo, a la fama de Darío como principal poeta hispanohablante de la época (ya en la introducción al poemario, titulada: "*Al Lector*", Darío recuerda: "*El movimiento de libertad que me tocó iniciar en América se propagó hasta España*"), los poemas VII, en su primera parte, y IX, reformulando la secuencia de la segunda parte: "*Los Cisnes*", se interesan a la oposición entre la fama pérenne de los europeos, y los efímeros éxitos del poeta en la autovaloración de su propio trabajo.

Por lo cual el poema XI: "*Filosofía*" nos propone en retrato simbolista (a la manera de Odilon Redon) de la araña tejadora y creadora (aludida posteriormente en el poema XXXVI: "*Thánatos*" de la presente sección), araña que se opone al cisne blanco del poema siguiente XII: "*Leda*", y a la vaca venusiana del poema XXI, de matiz igualmente filosófico, vaca que prefigura, en su aspecto de: "*enorme... bestia apacible*" al autóctono y nacional buey del penúltimo poema del libro.

Siguiendo el rumbo de los poemas XI y XII, los poemas XIII, XIV y XXV titulado: "*Melancolía*" evocan la Psiquis baudelairiana y maldita (XIII: "*chispa sacra de la estatua de lodo...*/... *esclava de mis sentidos en guerra...*/... *Sabia de Lujuria*", y XIV, en forma rimbaldiana: "*Scherezada se entredurmió...*/... *Mas el pájaro azul volvió...*/ *Pero...*/ *No obstante...*/ *Siempre...*/ *Cuando...*") de Darío. Concluyendo esta serie aclarándola el poema XV, que expresa: "*Oh, miseria de toda lucha por lo finito!*/ *Es como el ala de la mariposa* (la "*Divina Psiquis*" del poema XIII)/ *nuestro brazo que deja el pensamiento escrito*".

Remata sobre el mismo tema el poema XVIII: "*Un soneto a Cervantes*", que además prefigura el poema XXXIX de la presente sección y remite a la primera parte sobre la figura emblemática del Quijote y de su autor, imagen-símbolo que de ahí en adelante será muchas veces reutilizada por los latinoamericanos para definir su propio ser mitológico colectivo (hispánico desgarrado por la Conquista y la dobledad del ser mestizo), por ejemplo por Jorge Luis Borges, Pablo Antonio Cuadra o el español mexicano José Gaos. La latinidad creadora, por oposición implícita aquí, pero en continuación de lo planteado en la primera parte del poemario, al mercantilismo anglosajón, se amplifica con el poema XXII: "*Ay, triste del que un día...*", éste sobre el mismo tema que el soneto XVIII, mas en referencia al poema del poeta francés renacentista del grupo de la Pleyada: Joachim du Bellay y su célebre poema "*Heureux qui comme Ulysse...*". La secuencia de los poemas sobre fuentes literarias e ideológicas de la latinidad retoman aquí en sentido nuevo la aparición vivencial de las personalidades de los poemas II a VI de la primera sección del poemario, ésta que se renueva en el poema XXXI: "*Soneto Automnal al marqués de Bradomin*" de la tercera y presente sección, y la puesta en escena de "*un Versalles doliente*". Así como en los poemas XXXV, con la refrencia a Ovidio y su Ibis con "*terrores de ofidio*" (lo que dialectiza, en esta sección, de nuevo, la cuestión del Arte como salvación para el mundo pero maldición para el artista maldito - conforme la auto-afirmación de una vivencia crística por parte de los poetas románticos, confirmada por el poema XXXII -, como anteriormente, en la primera parte, hizo Darío en cuanto al tesoro de la juventud), XXXVI, con la referencia al Dante, y XXXVII, con la referencia a Ronsard, uno de los dos principales y más conocidos representantes de la Pleyada, al lado de Du Bellay. Notaremos que, al igual que Darío respecto del modernismo hispanófono a finales del siglo XIX, la Pleyada francesa en el siglo XVI renovó la lengua y el diccionario, así como la poesía francesa de su tiempo; doble referencia, pues, en son de autovaloración positiva que evidencia para Darío en el presente poemario el papel central del artista en el proceso social de liberación ideológica continental, dentro de una comparación verlainiana (del "*Prólogo*" de los *Poemas Saturninos*) implícita, ya presente al final de *Prosas Profanas* (como hemos recordado en trabajos anteriores), entre el vate y el jefe de guerra.

Se aclara la alusión implícita anterior a lo anglosajón con el poema XXIV, y la evocación de la figura del águila, y las demás aves, evocación que a su vez hace eco a los pájaros símbolos de la primera parte del poemario.

Finalizando el poemario, el poema XLI: "*Lo Fatal*" es una reflexión ontológica que hace juego con el poema XL: "*Allá Lejos*", el fin y la desdicha oponiéndose a lo nacional y la juventud, esta oposición entendiéndose dentro del marco del pensamiento sobre la vivencia del artista maldito, como revela la comparación entre "*Lo Fatal*" y el poema XXVII: "*De Otoño*": "*Yo, pobre árbol, produje,...*" de la misma sección.

Así, como expresa a nivel reducido la secuencia de los dos poemas terminales del libro, el poemario propone una visión paralela del destino mundial y del destino individual, la salvación continental pasando por la valoración de lo propio y el sacrificio de vida del artista maldito, el poeta integrándose de esta manera a un discurso general de la época, que modifica y argumenta en función de la naciente ideología anti-imperialista y latinoamericanista.

X - "*YO SOY AQUEL QUE AYER NO MAS DECIA*"

> "*Como el enfebrecido goza, entre los delirios de su mal,
> instantes de lucidez, así se desvelaba el abuelo Tarwater de
> vez en cuando, cocía su tajada de alce y encandilaba la
> hoguera con nuevo combustible; pero por momentos crecía la
> duración de los letargos, hasta el punto de que no sabia ya
> distinguir de entre el poso de su inconsciencia cuál era el
> sueño nocturno y cuál el diario. Y allí, en las criptas
> inolvidables de la historia humana, que ni ha sido escrita ni
> puede ser pensada o comprendida, como escenas de sueños
> febriles, como aventuras imposibles de lunático, descubrió él
> los monstruos engendrados por la moralidad del hombre
> primitivo. Y aun, a pesar del letargo, se debatía en aquel
> ovillo de fantasías, liberándose unas veces y enredándose
> otras entre sus hilos innumerables.*"
> (Jack London, "*Como Argos en los tiempos heroícos*"[327])

En nuestro trabajo sobre "*Mi poesía es mía en mí*"[328], abordamos la cuestión de la originalidad como argumento del discurso latinoamericanista, mismo argumento como fundamento literario se encuentra en Hugo (*Odes et Ballades*, "*Préface*", agosto de 1826), cuando escribe: "*Admirons les grands maîtres, ne les imitons pas.*" Ahora bien, Darío manifiesta en las "*Palabras Liminares*" de *Prosas Profanas*: "*Yo no tengo literatura "mía"* - como lo ha manifestado una magistral autoridad, - para marcar el rumbo de los demás: mi literatura es mía en mí; - quien siga servilmente mis huellas perderá su tesoro personal y, paje ó esclavo, no podrá ocultar sello ó librea. Wagner á Augusta Holmés, su discípula, dijo un día: "lo primero, no imitar á nadie, y sobre todo, á mí". Gran decir.*" La preocupación de Darío por la originalidad y las oposiciones a su obra, antecediendo lo citado, recuerdan el "*Prefacio*" de Hugo. En los dos casos aparece el Yo como elemento discursivo intelectivo. Es el punto de partida permanente en los poemarios de Darío, como hemos mostrado ("*Epistolas y Poemas*", 18/2/2006), de *Epistolas y Poemas* (1885) a *Cantos de Vida y Esperanza* (1905), con su paradigmático inicio de primer poema: "*Yo soy aquel que ayer no más decía*". Encontramos la figura del Yo en dos autores coetáneos de Darío: José Martí, con el primer verso: "*Yo soy un hombre sincero*" de *Versos sencillos* (1891), y Walt Withman, con el también primer verso de *Canto a mi mismo*: "*I celebrate myself, and*

---

[327]Jack London, "*Como Argos en los tiempos heroícos*", en *Novela realista*, Madrid, Edimat, 2006, p. 488.
[328]"*Mi poesía es mía en mí*", *Nuevo Amanecer Cultural*, 8/7/2006, p 10.

sing myself", cuyos versos siguientes, sobre el andar vagabundo tienen eco tanto en la progresión poético referida en "*Yo soy aquel...*", como en las segunda y tercera estrofas de Martí ("*Yo vengo de todas partes,/ Y hacia todas partes voy:/ Arte soy entre las artes,/ En los montes, monte soy./ Yo sé los nombres extraños/ De las yerbas y las flores,/ Y de mortales engaños,/ Y de sublimes dolores*"). En la primera edición de *Leaves of Grass* (1855) el poema "*Song of Myself*" era sin título, en la segunda se tituló "*Poem of Walt Whitman, An American*", título que, como la vuelta sobre sí de las "*Palabras Liminares*" de *Prosas Profanas*, necesaria para obtener en un segundo tiempo, ya racionalizado, de reflexión, lo no concedido en el primer momento de existencia: "*Yo no tengo literatura "mía"... mi literatura es mía en mí*", revela un proceso de disociación intelectualizada del mundo mediante la visión individual del sujeto hablante, en este caso el poeta narrador.

Tanto la aparición del Yo como fundacional en la actividad poética en tres autores, que la hace generacional, como el principio de retorno del Yo sobre sí mismo, sea para cantarse, en Whitman, sea para historiografiar la actividad poética, en Darío, sea para reconocerse cultural y geográficamente, en Martí ("*Yo soy un hombre sincero/ De donde crece la palma,/ Y antes de morirme quiero/ Echar mis versos del alma* "), remiten la aparición sintomático de este Yo a lo que Walter Benjamin estudió como *El concepto de crítica estética en el romanticismo alemán*, en particular el proceso de "*reflexión*" que, en Fichte, Schlegel y los primeros románticos, implica, en una perspectiva cartesiana[329], una división del Yo para poder pensarse a sí mismo. Para Schlegel en las *Lecciones Windischmann*: "*existe un modo del pensar que produce algo y por esta razón tiene una gran analogía de forma con el poder creador que atribuimos al Yo de la naturaleza y al Yo del universo. Es la actividad poética: ella crea de alguna forma ella misma su propia materia*"[330]. Confirma Schlegel en el *Athenaeum*: "*La esencia del sentimiento poético reside tal vez en la facultad de afectarse a sí mismo.*" (105) Novalis en sus *Escritos* concibe el arte como "*medium-de-la-reflexión*" y considera el arte como "*la naturaleza viéndose, imitándose, formándose a sí misma*"[331]. Por lo cual, Novalis considera que "*Toda obra de arte tiene un Ideal a priori, una necesidad inherente a sí misma de existir*"[332].

Por esta idea de que el arte, en particular la poesía como elemento activo de auto-reflexión, son ilustrativos, por lo menos en su proceso, de la actividad intelectual del Yo sobre sí mismo, Schlegel en el *Athenaeum* amplia el concepto de

---

[329]Walter Benjamin estudió como *Le concept de critique esthétique dans le romantisme allemand,* París, Flammarion, 1986, pp. 60 y 72.
[330]Cit. *in ibid.*, p. 104. Todas las traducciones son nuestras.
[331]*Ibid.*, pp. 105-106.
[332]*Ibid.*, p. 121.

poesía romántica a un universo múltiple que integra todos los campos literarios[333], al igual que la filosofía abarca todos los conceptos[334]. "*De manera análoga, todos los libros de la literatura deben ser un sólo libro*" (*Ideas*[335]), "*Así idénticamente lo individual del Arte, cuando lo entendemos profundamente, lleva al todo ilimitado*" (*Jugendschriften*[336]). Este concepto de poesía universal progresiva implica "*un hecho trascendental eterno*" (*Athenaeum*[337]), así la poesía necesita un perpetuo retorno sobre sí mismo respeto de la tradición, para inventar nuevas formas, como lo plantea Hugo en su "*Prefacio*", opuesto al progreso "*agitación inquieta y vacía,... mala costumbre nórdica*" (Schlegel, *Lucinda*[338]). Schlegel postula "*La más alta tarea de la cultura, es volverse dueña de su Yo trascendental, y asimismo del Yo de su Yo*"[339]. Esta "*poesía de la poesía*" "*es en sí en la naturaleza y la vida...; pero es la naturaleza de la naturaleza, la vida de la vida, el hombre en el hombre*"[340]. Así crítica e ironía son las dos vertientes que, místicamente, en la obra dialectizan la presencia de un Yo trascendente, "*formas simbólicas... contra el sentido profano*"[341]. El concepto romántico de poesía abarca entonces el recuerdo primogénito de la época medieval, caballeresca, como forma del primer romanticismo en sentido etimológico: lo romance/romántico[342], integrando al universo de la poesía, en cuanto forma suprema idealizada, la novela (*le roman*) conforme Novalis en su carta a Schlegel del 12/1/1798: "*Si la poesía quiere extenderse sólo puede hacerlo limitándose - contractándose... Toma un aspecto prosaico... se adapta a la representación de un contenido más limitado... por consiguiente fiel a las leyes esenciales de su naturaleza... ser orgánico cuya estructura delata el carácter ilimitado... la aptitud al todo... Se podría llamar esta poesía superior poesía de lo infinito*", por lo cual "*La poesía es la prosa entre las artes*" (*Escritos*) y "*La novela... debería abarcar todos los tipos de estilos en una succesión diversamente relacionada por el espíritu común*"[343]. Así se entienden la presencia sobredeterminante del Yo en Darío, el título *Prosas Profanas*, y el famoso pasaje remitido al proceso de interiorización poética: " *Yo no tengo literatura "mía"...: mi literatura es mía en mí*", como expresión de un humanismo romántico (versión histórica de su cosmopolitismo), profanación de lo poético para volverlo dialéctico, romántico, eterno y universal. La crítica al progreso norteño también tiene en Darío raíces en el primer romanticismo alemán.

---

[333]*Ibid.*, p. 136.
[334]*Ibid.*, p. 137.
[335]*Ibid.*, cit. p. 139.
[336]*Ibid.*, cit. p. 139.
[337]*Ibid.*, cit. p. 140.
[338]*Ibid.*, cit. p. 141.
[339]*Ibid.*, p. 142.
[340]*Ibid.*, p. 145.
[341]*Ibid.*, p. 146.
[342]*Ibid.*, p. 149.
[343]*Ibid.*, cit. pp. 152-153.

Propia de las representaciones, de Calderón de la Barca a Walt Whitman, del Yo como ser reflexivo (eco de sí mismo) y monstruo desconocido anidando en sí, que doblemente es la antesala, entonces, lo vemos aquí, del Yo pensándose romántico y del héroe-monstruo del arte y la literatura contemporáneos, en *Otelo* (Acto III, esc. 3), Shakespeare pone estas palabras en boca de su moro:

"¡Piensas!
¡Vive el cielo!
Repites como el eco mis palabras
Cual si en tu mente hubiera oculto un monstruo asaz
Demasiado horrible para revelarlo."[344]

(*"Think, my lord!*
By heaven, he echoes me,
As if there were some monster in his thought
Too hideous to be shown.")

[344]William Shakespeare, *La Tragedia de Otelo, El Moro de Venecia*, trad., prólogo y notas de María Enriqueta González Padilla, México, UNAM, 2001, p. 131.

XI - EL LOBO DE LOS *"MOTIVOS"* DE RUBEN DARIO

"Los motivos del lobo", poema escrito hacia el mes de diciembre de 1913, recrea la disputa que sostiene Francisco de Asís con un feroz animal, episodio inspirado en la escena del lobo de Gubbio del capítulo 21 de las *Fioretti*.

Mas la polémica sostenida por el lobo de los *Motivos* que al final elige nuevamente rebelarse nos traslada, mediante la humanización de la bestia que en su intento por socializarse se integra a la aldea formando parte de ella, de la fábula moral a otro nivel de significación que nos descubre una dialéctica poética.

En este sentido el lobo que compara el dolor de *"los animales de Nuestro Señor"* con el dolor de los hombres, *"criatura(s) de Nuestro Señor"* de Francisco, nos expone sus *"motivos"*; la palabra *"motivo"* en el contexto adquiere un *glissement de sens* (tal vez inspirado de "*Las Razones del Momotombo*" de Hugo), pues si originalmente designó figuras de estilo, aquí refiere específicamente a las razones del lobo.

En el poema Darío retoma la estructura del relato existente en las *Fioretti* hasta el momento en que en señal de promesa el lobo tiende su pata al santo de Asís.

No hay unidad de criterio a la hora de interpretar este pasaje de la vida de Francisco y su encuentro con el lobo de Gubbio.

Algunos especialistas estiman que el relato es la adaptación de una leyenda antigua, extraña a San Francisco; otros piensan respecto a esta narración que se trata de una transposición con ribetes dramáticos y pintorescos de la liberación del poblado asolado por los lobos; pues, muchos autores hablan anecdóticamente del viaje que realizó al monasterio de San Verecundo, en las cercanías de Gubbio en el que los campesinos trataban de persuadirle, para que se detuviera por temor a las manadas de lobos feroces que acechaban los alrededores.

Incluso hay quienes creen que el episodio evoca la celebración de las paces entre un bandido y los pobladores de Gubbio por mediación del santo[345].

Enmarcado en los principios franciscanos el proceso de redención de lobo en las *Fioretti* está iluminado por la paz en aras de la cual y en fe de promesa el

---

[345]V. Victoriano Casas, *Francisco de Asís - Vivir según el Evangelio*, Madrid, Paulinas, 1983, 1988, p. 97.

animal tiende la pata al hermano de Asís. Este es un pacto individual de persona a persona que culmina cuando el lobo frente a los aldeanos de nuevo extiende su pata al santo como sellando un contrato social.

En las *Fioretti* Francisco va en busca del lobo y tras reprocharle sus fechorías la fiera baja su testa en señal de arrepentimiento en un gesto que precede el momento en que el animal tendiendo su pata al santo en fe de promesa pacta la paz.

Para tranquilidad de sus habitantes Francisco regresa a la aldea en compañia del lobo para dar testimonio de que la bestia no seguirá más en sus andanzas y es entonces cuando se repite la secuencia en la que el lobo extiende su pata al santo luego de bajar la cabeza en signo de contrición.

En la reproducción de la secuencia al celebrarse primero un pacto individual y después un contrato social, está implícita la voluntad moral de enseñanza de las *Fioretti,* pues los mismos campesinos del lugar pudieron ser testigos de la transformación milagrosa del lobo.

En el poema el lobo tiende su pata al pactar a solas con el hermano de Asís pero frente a la gente de la aldea únicamente mueve testa y cola.

Por el hecho de ser irrepetible por su unicidad el pacto adquiere una gran fuerza en el contexto del poema. Pues en ese *"apretón de mano"* quedaron empeñados el honor de los pactantes y sellada la paz. Por la fuerza de ese pacto único en el poema se destaca el proceso de socialización y domesticación del lobo:

"Y, baja la testa, quieto le seguía
como un can de casa, o como un cordero."

"Y luego, en señal
de contentamiento,
movió testa y cola el buen animal,
y entró con Francisco de Asís al convento."

En las *Fioretti* en cambio en presencia de la aldea se renueva el pacto milagroso en una pedagogía de la fe visible.

Darío sigue a las *Fioretti* tanto en las secuencias como en el lenguaje. No obstante advertimos dos cambios notables en el poema.

Antes del pacto el animal le expresa a Francisco sus impresiones acerca de la maldad de la naturaleza humana y después del pacto luego de su convivencia con los hombres del pueblo y de haber sufrido en carne propia la maldad humana, exterioriza su rencor eterno.

Las demás biografías: Celano, *Vida segunda*, 7; San Buenaventura, *Segunda menor*, 5-5; *Leyenda de Perusa*, 74, 75[346]; dan cuenta de las plagas y de las manadas de lobos que acechaban a Greccio y no a Gubbio y de las exhortaciones a "*hacer dignos frutos de penitencia*" para que, según el santo de Asís, se acaben todos los males. En todas las versiones, la gente se enmienda a excepción de la *Leyenda de Perusa* por lo que los lobos vuelven a atacarla.

Obviamente en el poema se entretejen la versión de las *Fioretti* y la *Leyenda de Perusa*.

Los cambios introducidos por el poeta están encaminados a darnos una imagen humanizada del lobo.

En las *Fioretti*, el lobo no habla, es Francisco quien deduce que la bestia mata por hambre.

Darío obvia las versiones que hablan de manadas de lobos y retoma de las *Fioretti* la imagen de un solo lobo al que le otorga el don de la palabra, elementos que le dan rostro y le imprimen carácter. Cuestión que nos motiva a hurgar en la tradición la relación simbólica del lobo con la humanidad.

Así encontramos que la antiguedad registra la existencia de los hombres lobos, que al parecer eran feroces combatientes, aunque probablemente no se trataba de un pueblo específico sino de grupos de adolescentes que como parte del ritual de iniciación se alejaban durante algún tiempo de la aldea[347]; imágenes que recogió la

---

[346] *San Francisco de Asís - Escritos - Biografías - Documentos de la época*, edición de José Antonio Guerra, Madrid, La Editorial Católica, 1985, pp. 250-251, 518, 643-644, 838-840.

[347] V. por ej. Askold Ivancik, "*Les guerriers-chiens - Loups-garous et invasions cythes en Asie Mineure*", *Revue de l'Histoire des Religions*, t. CCX, fasc. 3, París, PUF, julio-septiembre de 1993, pp. 305-329; y Louis Gernet, *Anthropologie de la Grèce antique*, París, François Maspero, 1968, pp. 154-171.

memoria colectiva y que más tarde dieron origen a la leyenda del hombre lobo.

En muchas creencias primitivas, especialmente en las de América, uno de los principales dioses primordiales se manifiesta ora como humano ora como canino. Así en Ovidio la figura de Licaón está relacionada con la Creación y el Diluvio.

Muy a propósito de esto la toma de conciencia del problema indio por parte del héroe en *Danza con los lobos* pasa por su encuentro con la figura totemística del lobo.

En las mitologías el lobo es una figura primordial del mundo natural vinculada al hombre salvaje.

Es así como el ser canino es una condición que permite asociar al lobo con el averno. En las *Fioretti* las fauces de la bestia, en clara referencia a Cerbero, son comparadas con la boca del infierno que debe ser mil veces más temido, según palabras del santo, por ser mil veces más terrible.

Igualmente Darío identifica sucesivamente al lobo con "*Luzbel o Belial*" y con "*Moloch y... Satanás*".

En todas las versiones de la vida de san Francisco, el lobo es la encarnación de la venganza divina.

Variando la versión de las *Fioretti* en la que el lobo convive durante dos años con la gente hasta que muere y basándose en fuentes populares[348] Darío cuenta la vivencia del lobo en el mismo convento.

La comparación de estos dos elementos: el lobo como encarnación de la venganza divina y la ubicación en el convento y no en la aldea como en las *Fioretti* nos lleva a considerar la existencia en el poema de una "*hermandad insólita*" entre el Bien y el Mal.

En las biogafías del hermano de Asís es el mismo Francisco el que amonesta a los hombres pecadores; en Darío es el lobo, ante la impotencia del santo, el que denuncia la maldad humana.

---

[348]V. Casas, p. 96.

Esta dialéctica particular que se entabla entre el santo y el lobo nos evoca la ambigüedad del discurso satánico proselitista de la palabra divina en *Job* y Goethe[349].

La bestia del poema se transfigura en un Mefistófeles moralista, que nos entra a otra dimensión de "*Los Motivos del lobo*": la de la crítica social.

En el *Leviatán* Hobbes sostiene que el hombre es un lobo para el hombre: "*homo homini lupus*"; y que la aceptación y obediencia al Estado es lo que le salva. Sin embargo, en contraposición a esta tesis en defensa del absolutismo y el orden establecido, el lobo de Darío cuestiona y acusa a la organización y *modus vivendi* de la sociedad humana y opta por el estado natural.

Si bien su crítica se centra en los siete pecados capitales:

"Mas empecé a ver que en todas las casas
estaban la envidia, la Saña, la Ira,
y en toddi los rostros ardían las brasas
de odio, de lujuria, de infamia y mentira.

Hermanos a hermanos hacían la guerra,
Perdían los débiles, ganaban los malos,
hembra y macho eran como perro y perra[350],
y un buen día todos me dieron palo."

su discurso está desprovisto de intencionalidad religiosa.

El retorno del lobo a sus andanzas, en el poema a diferencia de la versión de la *Leyenda de Perusa*, de ninguna manera representa la cristalización de la venganza divina sino que al contrario su crítica se enfrenta a la somera justificación que hace San Francisco del proceder de los hombres:

---

[349]V. Barbe, "*La critique de la religion dans la première version du Faust de Goethe*", *Quipos*, París, n° 125, diciembre de 1994, pp. 10-16.

[350]Se apreciará, dentro de esta oposición entre estado natural y estado social, el valor muy particular de la comparación por parte del lobo de la maldad de los humanos, no con la ferocidad de los animales salvajes, sino que con la actitud de los perros de casa.

"... - En el hombre existe
mala levadura
Cuando nace viene con pecado. Es triste
Mas el alma simple de la bestia es pura"

El papel del religioso en el poema nos recuerda el papel que Hobbes otorga al Estado como moderador ideal.

"Un día, Francisco se ausentó. Y el lobo
dulce, el lobo manso y bueno, el lobo probo,
desapareció, tornó a la montaña,
y recomenzaron su aullido y su saña.
Otra vez sintióse el temor, la alarma [351] *,*
entre los vecinos y entre los pastores;"

Darío haciendo eco a las tesis de Rousseau realiza una crítica pertinente de la sociedad humana en la que privilegia el estado natural, postura que le inscribe dentro de la resuelta refutación que le hace Locke a Hobbes, ya que Locke considera absurda la obediencia ciega al poder; pues en estado natural el hombre es libre y el Estado entonces es creado por los mismos hombres para condicionar esa libertad y no para restringuirla convirtiéndose en un coercitivo Leviatán [352].

Redondeando estas ideas que sustentan el poema encontramos las argumentaciones de Voltaire en *Cándido* que nos alumbran iluminando los motivos expuestos por el lobo.

Como el héroe de Voltaire el lobo restringido en sus instintos naturales acepta convivir con los hombres; pero al final, rechazando el *"mejor de los mundos posibles"* que le ofrece el santo de Asís, decide como Cándido *"cultivar a su jardín"*.

El lobo cierra la exposición de sus *Motivos* imponiéndole a Francisco que le dije existir en su libertad al tiempo que le exhorta a seguir su camino y su santidad, propuesta que conlleva la refutación a la oración que impotente reza el santo.

---

[351] Nos parece posible suponer que, a nivel formal, esta circunstancia del poema de Darío sirvió de modelo a Ernesto Cardenal para *"De pronto suena en la noche una sirena..."*, *Epigramas*, reed. Managua, Anamá, 1997, p. 24.

[352] Ideas políticas libertarias que Darío desarrolla a través un discurso nihilista (en el sentido político de finales del siglo XIX e inicios del siglo XX de este término) en su famoso *"Dinamita"*.

La oposición al *"Padre Nuestro"* reside en la no aceptación de la existencia de una instancia sobrenatural planteada en la primera estrofa de la oración y el cuestionamiento del orden establecido aludido en la segunda estrofa.

La satisfacción de la necesidad es la única ética valedera. Así, asumiendo una posición de libertad total del individuo al igual que Locke ante el orden social, el lobo rehusa vivir inmerso en una doble moral que le obliga a ser mendigo de su alimento y su libertad. Doble moral que reza la segunda estrofa del *"Padre Nuestro"*. Pues en el mundo natural donde:

"Como el oso hace, como el jabalí [353] *,*
... para vivir (se) *tiene... que matar."*

"Danos hoy nuestro pan de cada día.
Perdona nuestras ofensas, como
también nosotros
Perdonamos a los que
nos ofenden"

Sin embargo, no se trata de una ingenua justificación del estado natural por parte de Darío. Su lobo, *zoom politikon* no es sino un ser natural ante la sociedad, un ser símbolo de la apasionada causa de la liberación de América Latina.

En Darío la figura del sátiro y del centauro en cuanto seres naturales enmarcados en la dialéctica civilización-barbarie son símbolos de lo latinoamericano. El *"Padre Nuestro"* que concluye *"Los Motivos del lobo"* es trascendido de manera inversa en el *"Padre Nuestro de Pan"* que consiste en un himno de amor universal.

La elección del episodio del lobo de Gubbio por Darío no obedece a la casualidad. La tradición considera a Francisco como un santo liberador [354].

---

[353] Dentro de la dialéctica latinoamericanista del poemario, que estudiaremos, se debe notar que las dos figuras del oso y el jabalí, en cuanto es un puerco salvaje, son elegidos por Darío en este verso por ser la contraparte del lobo, en su simbólica tradicional de hombre salvaje, o sea de humanidad primitiva. Eso nos será confirmado por la comparación entre *"Los Motivos del lobo"* y los dos otros poemas de vena animalística que lo siguen en *Canto a la Argentina y otros poemas*: *"La canción de los osos"* y *"Gesta del Coso"*, este último sobre el que significativamente se cierra el poemario.

[354] V. Leonardo Boff, *San Francisco de Asís - Ternura y vigor*, Santander, Sal Terrae, 1982, cap. III, pp. 127-150.

En Darío el proceso de oposición entre la naturaleza y la organización social y creencias impuestas por el colonialismo se enfatiza más en *"Momotombo"* (1907), inspirado en el poema citado de Hugo. La consecuente negación burlesca a los planes divinos dentro de una perspectiva latinoamericanista, según nuestra lectura, la encontramos al final de *"Anagké"* (1888), último poema de *Azul...* Ambas cuestiones alcanzan mayor evidencia en *"Estival"* (1887), poema perteneciente también a *Azul...*, inspirado en Vigny, donde un tigre, paradigma de la naturaleza salvaje y tropical, se enfrenta al príncipe de Gales, que no iba a cazar por hambre, y a sus hijos rubios.

Los poemas citados por su temática admiten ser comparados con el tema de *"Los Motivos del lobo"*. Es posible establecer que esta temática alcanza mayor fuerza y colorido dentro del conjunto de *Canto a la Argentina y otros poemas* (1914) al que se integra *"Los Motivos del lobo"*.

Canto a la Argentina y otros poemas y *Cantos de vida y esperanza y otros poemas* son obras que anuncian un advenimiento. Confirmándonos el conocimiento que poseía de la obra de Verdaguer, Darío escribe en *"Canto a la Argentina"*:

"He aquí la región del dorado...
He aquí el vellocino de oro,
La Atlántida resucitada...
He aquí el gran Dios desconocido
que todos los dioses abarca."

Reconocemos en los últimos versos a Pan, figura central en la obra dariana, cuyo nombre en griego significa *"Todo"*.

"France-Amérique" ofrece una genealogía latina de la América hispánica y *"La rosa niña"*, poema que le continúa, el relato del nacimiento de Cristo en donde una niña convirtiéndose en flor se autoregala.

Basándonos en la recurrencia del motivo de la mujer-rosa en Darío, podríamos suponer que esa niña nos remite a *"la triunfante Venus criolla"* *"que cumpliendo filiales deberes con las genitoras pasadas"* implícitamente refiere a una herencia desposada por la raza de hombres latinoamericanos, *"adanes del porvenir"* según proclama el *"Canto a la Argentina"*.

Evocando directamente a Verdaguer Darío escribe:

"Iberos de la península
que las huellas del paso de Hércules
visteis en el suelo natal:
¡He aquí la fragante campaña
en donde crear otra España
en la Argentina universal!"

Renovado Prometeo, el ser latinoamericano es identificado en *"Canto a la Argentina"* con la figura de Lucifer [355], *"pues eres la aurora de América"*, desde donde se introduce la dialéctica ya encontrada en *"Los Motivos del lobo"*.

"La Cartuja" oponiendo la Penitencia de los santos a la carnalidad del poeta nos dispone a la exaltación de la fiesta, la euforia y hasta la *débauche* de *"Pequeño poema de Carnaval"*.

La secuencia establecida entre *"France-Amérique"* y *"La rosa-niña"* aclara el sentido de la secuencia de estos últimos poemas, la que culmina con *"Valldemosa"* en el que Darío a la manera de Verdaguer nos brinda una *"España americana"*.

Ubicado entre *"France-Amérique"* y *"Valldemosa"* *"Los Motivos del lobo"* aparece como uno de los tres hitos de vena animalística del poemario, junto con *"La canción de los osos"* y *"Gesta del Coso"*.

"La canción de los osos" retrata a los osos convertidos en *"víctimas sangrientas"* *"de hombres blancos y divinos"* y les incita a luchar y a profesar *"sus principios más allá del Bien y del Mal"*. Lo que nos vuelve a la dicotomía ya señalada en *"Los Motivos del lobo"* en donde el animal decide no obedecer más a los supuestos designios divinos que esconden la justificación del orden establecido.

La elección baudelairiana del Mal, tanto en *"La Cartuja"* como en *"Los Motivos del lobo"* y *"La canción de los osos"* tiene correspondencia con *"Ritmos íntimos"* donde el poeta invita a María al pecado. En el poema siguiente titulado *"Balada de la bella niña del Brazil"* María se ha convertido en *"la triunfante Venus criolla"*.

Sin embargo esa dialéctica religiosa no constituye una crítica a la tradición

---

[355]Astralmente asociado con Venus, como ya sabemos, lo que explica la citación.

cristiana sino que plantea la cuestión de los valores impuestos y el como liberarse de ellos. Así por ejemplo en *"Canto a la Argentina"* la figura religiosa de la Fatalidad simboliza explícitamente el destino trágico de América impuesto por Europa.

Como el lobo el oso representa tradicionalmente al hombre salvaje y el toro personificado en la *"Gesta del Coso"* es como el mismo se define un dios primordial, que contrapuesto a la figura del buey, nos invita a considerar la reiterada llamada a la paz en el poemario, más como el deseo de una paz desarmada, lo que queda claro en los últimos versos del poema.

Viril, antigua y natural, la América que nos ofrece Darío revela el propósito del poeta de forjar una conciencia continental creándole una historia de origen remoto inscrita en la tradición occidental. Una América superior a estos antepasados en respuesta a la concepción hegeliana.

Podemos considerar *"Los Motivos del lobo"* representativo de la obra dariana por dos razones: primera en cuanto a que abriga una problemática social, y segunda en cuanto a que aporta una mitologización de América y del ser americano a través de géneros líricos como la oda y el canto.

En ese marco se entiende la referencia constante a figuras primordiales de las mitologías clásicas para representar o simbolizar a lo americano; tal como Pan, los sátiros, el lobo, etc., dándoles el don de la razón, lo que le permite, al igual que Bulgakov en *Corazón de perro*, proyectar una luz crítica frente al orden establecido.

XII - "*LO FATAL*"

En su libro *En el país de las alegorías - Ensayos sobre literatura nicaragüense* (2006), Isolda Rodríguez Rosales[356] recuerda que: *"Tanto Marasso[357] como Carlos Oscar Cupo[358] han señalado la huella becqueriana en estos versos finales, que hacen resonar la Rima II el poeta español:/ "Ese soy yo, que al acaso/ Cruzo el mundo, sin pensar/ De dónde vengo ni a dónde/ Mis pasos me llavarán.""* De hecho, el poema de Bécquer como "*Lo Fatal*" en cada una de sus estrofas remite a elementos naturales reveladores del ánima del poeta (el viento por la saeta de la primera estrofa, el árbol de la segunda, también relacionado con el viento y el polvo bíblico, el mar en la tercera y la luz en la cuarta estrofa), sin embargo, si el final es idéntico en los dos poemas, la progresión mística de Bécquer se queda en el ámbito humano en Darío.

En menos de tres años, entre 1887 y 1890, fallecieron la madre, la hermana y los dos primeros hijos legítimos del poeta peruano Manuel González Prada, por lo que plantea Joël Delhom (2004)[359], las circunstancias le movieron a escribir sobre la muerte al mismo tiempo que empieza a comprometerse *"en el debate político-literario nacional"*, *"determin*(ando) *una doble orientación en el pensamiento del poeta: la íntima y la pública, dramática la primera y alentadora la segunda"*. *"El "sentimiento trágico de la vida" encuentra su primera expresión... en un breve discurso pronunciado en 1888 en el entierro de Luis Márquez,... amigo del autor... el texto tiende a apartarse de la tradición romántica, que dramatiza la muerte del ser querido expresando el dolor con emotividad exacerbada... muestra... una actitud egocéntrica al considerar que la muerte ajena remite a la... propia... como una liberación: "No vengo a derramar públicas lágrimas por el hombre libertado ya del horror de pensar y del oprobio de vivir [...], doy el último adiós al poeta, nada más. [...] Al acompañar hasta la última morada los restos de un hombre idolatrado, pensamos enterrar a otro, y nos enterramos a nosotros mismos."... la vida no es sino... sufrimiento al que nos agarramos desesperadamente... La razón no permite apaciguar las angustias...*(se) *tiene que aceptar el orden natural y... resignarse: "Pasaron siglos de siglos, pasarán nuevos siglos de siglos, y los hombres quedaremos siempre mudos y aterrados ante el secreto inviolable de la cuna y del sepulcro. ¡Filosofías! ¡Religiones! ¡Sondas arrojadas a profundizar lo insondable! ¡Torres de Babel levantadas para ascender a lo inaccesible! Al hombre, a este puñado de polvo que la casualidad reúne y la casualidad dispersa, no le quedan más que dos verdades: la pesadilla*

[356]Isolda Rodríguez Rosales, *En el país de las alegorías - Ensayos sobre literatura nicaragüense*, Managua, CNE, 2006, p. 14.

[357]Arturo Marasso, *Rubén Darío y su creación poética*, Buenos Aires, Biblioteca Nueva, 1941.

[358]"*Fuentes inéditas de Cantos de Vida y Esperanza*" en *Estudios sobre Rubén Darío*, compilación y prólogo de Ernesto Mejía Sánchez, México, FCE, 1968.

[359]Joël Delhom, "*Manuel González Prada: El hombre y el revolucionario frente a la muerte*", *Imagen de la muerte - Primer Congreso Latinoamericano de Ciencias Sociales y Humanidades*, Lima, Universidad Mayor de San Marcos, 2004, pp. 263-274.

amarga de la existencia y el hecho brutal de la muerte.".... el autor figura el movimiento
alternativo del sol a las tinieblas, de la esperanza al decaimiento,. de la rebelión a la
sumisión,... resalta su profundo pesimismo... en la palabra "desaliento"... las proclamaciones
de agnosticismo se tiñen del... rojizo del infierno gótico, con... "estas bocas de fieras
hambrientas que amenazan devorarnos". El... discurso, sin embargo, entraña una...
esperanza... imperceptible... invierte los términos de una cita de... Leconte de Lisle: "el horror
de pensar y el oprobio de vivir"... cuando el francés escribió "el oprobio de pensar y el horror de
ser un hombre"."

Bien parece que, no sólo, como mostramos en otro trabajo *"La dualidad ontológica en Cantos de Vida y Esperanza"*, la oposición entre drama particular y fuerza colectiva es el tema principal, dicotómico, del poemario, sino también que esas *"torres de Babel"* del peruano son la del dramático quehacer humano del último Darío en *"No Obstante"* (también de *Cantos de Vida y Esperanza*), a la que el poeta quiere sin embargo sobreponerse; es así que invierte en *"Lo Fatal"* el movimiento del texto de González Prada, al tiempo que pone al inicio lo que en Leconte de Lisle es tremenda conclusión de la constatación de la muerte. Ajena en el francés, se vuelve propia en el peruano, para recobrar sentido nietszchiano y de aliento a la raza (comparar la secuencia *"Allá Lejos"/"Lo Fatal"*) en Darío. Lo que explica porque en éste el sintagma profundo del ser vivo y consciente define una secuencia jerarquizada de lo inanimado a lo implícitamente humano (*"ser consciente"*), pasando por lo vegetal y lo igualmente implícitamente animal, y porque la cita intertextual franco-peruana es pretexto a una larga oración (modelizada sobre Leconte de Lisle) en la que el *"souffle littéraire"* imita el colapso del vivir por la forma no finita de la frase, la cita ajena, prefigurando el debate nacional de hoy sobre las fuentes en arte, desenvolviéndose en un largo pensamiento fluido propio, que busca nueva exteriorización para hacia el lector de una cita interiorizada, asumida como suya.

Recordando la reproducción seguida sin puntuación por Gérard Genette de todos los borradores de la primera frase de *A la recherche du temps perdu*, para entender su estructura subyacente, planteamos una lectura de *"Lo Fatal"* a través de su modelo francés, asumiendo que la reducción del soneto de Leconte de Lisle de 14 a 13 versos, no sólo simboliza la fatalidad referida a la tradicional cifra de la suerte (el nexo con *"Allá Lejos"* se ve porque este poema consta de 12 versos, la sucesión al final del libro de un poema de 12 y otro de 13 versos remitiendo, a nivel numérico, al carácter mesiánico del poemario), sino también una reescritura global del poema original. Se puede decir que, por orden numeral, los versos de *"Lo Fatal"*, reemplazan así los de *"A un poète mort"*: sin lugar a duda los primeros 4 versos se remiten respectivamente a los versos 3, 12, 13 y 14 de Leconte de Lisle; el 5, al 5, 7 o 8 de Leconte, aunque más probablemente al 5, por razones obvias de correspondencia de orden lógico formal; el 6, al 6, 8, 7 o 2; el 7, al 9; el 8, al 5 o 10; el 9, al 6 o 11; el 10, al 3 o 8; el 11, al 4 o 7; el 12, al 10 o 1; y el 13, al 11 o 2. La forma que nos parece correcta sería, reemplazando la secuencia de sus versos por los del francés: "*3 Y la carne viva al resplandor del cielo,/ 12 Yo, te envidio, en el fondo de la tumba calma y negra,/ 13 De ser liberado de vivir et ya no saber/ 14 la vergüenza de pensar y el horror de ser hombre/ 5 ¿Ver, oir, sentir? Viento, humo y polvo./ 6 ¿Amar? La copa de oro ya no contiene mas que hiel./ 9 Sobre tu mudo sepulcro y tus huesos consumados/ 10 Que otro vierta o no las lágrimas acostumbrados,/ 11 Que tu siglo banal te olvide o te renombre;/ 8 Vuelve a entrar y dispérsate en la inmensa materia,/ Duermas en paz en la noche que cella tu pupila./ 1 Tú cuyos ojos erraban, alterados de luz,/ 2 Del color divino al contorno inmortal*". En base a esto, el poema de Darío se ordenaría, en función de la correspondencia con el poema francés, de la siguiente manera: "*1 ¡y no saber adónde vamos,/ 2 ni de dónde venimos!.../ 3 Dichoso el árbol que es apenas sensitivo,/ 4 y la tumba que aguarda con sus fúnebres ramos,/ 5 Ser, y no saber nada, y ser sin rumbo cierto,/ 6 y el temor de haber sido y un futuro terror.../ 8 y la carne que tienta con sus frescos racimos,/ 9 Y el espanto seguro de estar mañana muerto,/ 10 y sufrir por la vida y por la sombra y por/ 11 lo que no conocemos y apenas sospechamos,/ 12 y más la piedra dura, porque ésa ya no siente,/ 13 pues no hay dolor más grande que el dolor de ser vivo,/ 14 ni mayor pesadumbre que la vida consciente.*"

www.ingramcontent.com/pod-product-compliance
Lightning Source LLC
Chambersburg PA
CBHW022013090426
42741CB00007B/1007